Hans Blüher

Traktat über die Heilkunde

Herausgeber der Buchreihe SYMBOLON
Dr. Peter Orban

Bisher erschienene Titel
Manfred Kyber: Einführung in
das Gesamtgebiet des Okkultismus
Hans Blüher: Traktat über die Heilkunde

HANS BLÜHER

TRAKTAT ÜBER DIE HEILKUNDE

INSBESONDERE DIE NEUROSENLEHRE

Hesse & Becker

CIP – Kurztitelaufnahme der Deutschen Bibliothek

Blüher, Hans:
Traktat über die Heilkunde
Dreieich: Hesse & Becker 1985
ISBN 3-8036-3003-7

Umschlaggestaltung: Martin Orban
Gesamtherstellung: Franz Spiegel Buch GmbH, Ulm

Printed in Germany

ISBN 3-8036-3003-7

1. Auflage 1985

symbolon

Die Buchreihe »symbolon« ist Teil eines Konzeptes, das der Arbeitskreis »symbolon« in den letzten Jahren entwickelt hat. Die Arbeit dieses Kreises umfaßt Horoskop-Beratungen, Astrologie-Kurse, Esoterik-Kurse, Therapie-Gruppen, Einzel-Therapien und Phantasie-Reisen in Kassettenform. Nähere Informationen können unseren Büchern (Peter Orban: Die Reise des Helden, Kösel Vgl. 1983 und Astrologie als Therapie, Hugendubel 1986) sowie unserer Informations-Broschüre (»symbolon«, Eduard-Rüppell-Str. 3, 6000 Ffm 1) entnommen werden.

Da wir alle Lernende sind und insbesondere die Astrologie ein sehr tiefschürfendes Symbolsystem darstellt, so möchten wir es uns zur Angewohnheit machen, den erscheinenden Bänden dieser Reihe jeweils am Ende das Geburtshoroskop des Autoren (soweit verfügbar) beizugeben.

Der astrologisch interessierte Leser (und das werden zunehmend mehr) kann so über den Inhalt des Buches *und* das Horoskop des Autoren in einen Lernprozeß verwickelt werden, in dem er früher oder später die Einheit dieser beiden Symbolfiguren zu verstehen in der Lage ist. Es läßt sich daran zeigen, daß das Leben eines Menschen und seine Form der Bearbeitung von »Welt« (in Form eines Buches) einer Gesetzmäßigkeit unterliegen.

Es dürfte die gleiche Gesetzmäßigkeit sein, die den Leser eines Buches ausgerechnet zu diesem Buch greifen läßt.

Vorbemerkung des Herausgebers

Hans Blüher ist das enfant terrible deutscher Philosophie. Seine Werke werden nicht mehr verlegt, sein Name ist vergessen, seine Spuren sind verweht. Woran liegt das? Sind seine Arbeiten tatsächlich so ephemer, so gehaltlos, daß sie uns heutigen nichts mehr zu sagen hätten? Es gibt Menschen, die behaupten, sein Hauptwerk »Die Achse der Natur« (1949) rechne zu den großen philosophischen Werken dieses Jahrhunderts. Zu den ganz großen. Und doch diskutiert kein philosophisches Seminar die Thesen dieses inhaltsschweren Buches. Warum ist das so?
Nennen wir das »Kind« beim Namen: Hans Blüher (1888 bis 1955) war zeit seines Lebens ein Antisemit! Und das ist – verständlicherweise – nach der Herrschaft des Nationalsozialismus keine Visitenkarte mehr für einen Philosophen, denkt doch das allgemeine Urteil bei dem Wort »Antisemitismus« an Auschwitz und Mord. Nun war Hans Blüher niemals ein Faschist, weder hat er mit dem dritten Reich geliebäugelt noch konnten ihn die Nationalsozialisten für ihre Zwecke verwenden.
In seiner Biographie schreibt er:
»Außer in die des Kaisers ist die kleine Schrift »Secessio judaica« noch in andere historisch bedeutsame Hände gefallen die sich freilich nicht der gleichen Integrität rühmen dürfen. Eines Tages teilte mir mein Verleger mit, daß aus dem Strafgefängnis Landsberg am Lech eine Bestellung eingelaufen sei, unterzeichnet »Strafgefangener Adolf Hitler«. Wenn es sich bei diesem seltsamen Menschen auch um eine Individualität handelt, die der Verfallenszeit angehört, so lohnt es sich doch, über ihn nachzudenken. Mein sehr ausgesprochener Sinn für Physiognomie hat mir beim ersten Anblick seines Gesichtes gesagt, daß dieser Mensch niemandem ähnlich sieht. Jeder andere sieht irgend jemand wenn auch noch so entfernt ähnlich: Hitler niemand. Dies aber nicht durch eine ausgesprochene Fülle charakteranzeigender Merkmale, sondern durch eine fast vollständige, sonst von nie-

mandem erreichte Leere des Gesichtes. Ich habe so etwas noch nicht gesehen. Mit Ausnahme der Brutalität steht schlechterdings nichts in diesem Gesicht geschrieben und auch diese nur chiffriert. ›...‹ (Seit 1934) wußte ich, daß sich Deutschland in die Hände eines Lustmörders begeben hatte – eine historische Quittung für Versailles. Es versteht sich von selbst, daß Hitler meinen Standpunkt in ›Secessio judaica‹ ablehnte und dafür den seinen bezog, der sich auf Arthur Dinters ›Sünde wider das Blut‹ stützte.« (Blüher, Werke und Tage, München 1953).

Hans Blühers Antisemitismus war ein Gebilde, das sich aus vielen Facetten zusammensetzte, doch keine seiner Ableitungen beinhaltete eine Ächtung oder gar eine Vertreibung. Er diskutierte diesen Antisemitismus offen mit seinen jüdischen Freunden:

»Wenn man mir später einmal den Vorwurf gemacht hat, ich sei ›Antisemit‹, so habe ich darauf zu antworten, daß ich es nur insoweit bin, als dieser Typus des jüdischen Literaten mich dazu zwingt, sonst aber nicht. Nicht nur der Knabe Israel (eine Jugendfreundschaft Blühers) bewahrte mich davor, weiter zu gehen, sondern auch alle hervorragenden jüdischen Gestalten taten es, die durch mein Leben gegangen sind. Daß man aber in Dingen der Religion entschieden auf der christlichen Seite gegen die jüdische steht, das hat noch niemand als ›Antisemitismus‹ aufgefaßt. (....)

Man kann wahrlich erstaunt sein über die Einsicht des alten Chaim Weizmann, des ersten Präsidenten des Staates Israel, der vor dem englisch-amerikanischen Untersuchungskomitee einmal aussagte: ›Ich bin betrübt, aber ich vermag nicht zu erkennen , wie ich dem Antisemitismus Einhalt gebieten könnte, ich weiß nicht, was dagegen geschehen sollte... Ich glaube, die wesentliche Ursache des Antisemitismus besteht – mag das auch eine Tautologie sein – darin, daß es Juden gibt. Wir scheinen den Antisemitismus in unserem Ränzel mitzubringen, wo immer wir hingehen.‹

Und doch muß ich mildernd eingreifen und sagen: gäbe es diesen Typus des jüdischen Literaten mit seiner metaphysischen Pathologie nicht, so gäbe es auch keinen Antisemitismus. Ich sagte einmal zu Martin Buber, daß wir an seiner Rasse *diesen* Typus nicht ertragen können, worauf er meint: »Ach, lieber Blüher, *Sie* könnten ihn schon ertragen, aber *wir* nicht« (aaO., S. 95f)

Mit diesen beiden Zitaten möchte ich zeigen, daß die Schublade »Antisemitismus«, die bei der normalen Nennung dieses Namens automatisch aufgezogen wird, für Hans Blüher zu klein ist. Was immer man von diesem Urteil – ich sage ausdrücklich nicht »Vorurteil« – halten mag, Blüher hat es von niemandem übernommen, sondern selbst gedacht.

Das ist auch das erste, was Hans Blüher von den meisten heutigen Philosophen grundlegend unterscheidet: er denkt seine Dinge selbst. Ganz von Anfang an. Er hat – ich kann es nicht anders sagen – den Mut, sein Denken selbst in die Hand zu nehmen. Unbeirrt und immer originell!

Bei ihm steht man vor dem Phänomen, daß man nicht sagen kann: es ist falsch gedacht. Man kann höchstens einwenden: ich denke anders darüber als Hans Blüher (aber dennoch bohrt sein Gedanke in einem).

Jemand hat Blüher einmal einen »Berserker« genannt und diese Worte passen auf ihn wie auf keinen zweiten. Wenn er im Alter von 65 Jahren über seine ersten Bücher (die er als 20jähriger geschrieben hat) folgendes sagt:

»Indes besteht kein Zweifel darüber, daß das stärkste aller Motive, das dem Autor besonders in jungen Jahren die Feder in die Hand drückt, die Eitelkeit ist. Auch sonst sind allerlei Affekte im Spiel. Denn unauslöschlich ist im Manne der Wille, reich zu werden und Frauen zu erobern. Von alledem war auch ich nicht frei. Aber das alles schadet nichts wenn nur jene Stelle in uns, an der uns keine Wahl mehr gelassen wird, wenn diese werkschaffende Stelle mitten in der Freiheit steht.« (aaO.,

S. 11), so glaube ich ihm beides: sowohl die Eitelkeit als auch die Freiheit. Er ist – seine Biographie bezeugt es – mit einer unglaublichen Wucht durch sein Leben gegangen, hat kein Tabu unberührt stehengelassen und sich damit die Feindschaft der ›Philosophen‹, ›Philosemiten‹, ›Sexualforscher‹ und noch einiger anderer Berufsstände zugezogen. Sein Denken blieb davon ungebeugt.

Wenn wir heute eines seiner großen Werke – mit dem kleinen Umfang – wieder auflegen, so tun wir das nicht deshalb, weil wir Hans Blüher rehabilitieren wollen. Er ist tot, Friede seiner Asche. Nein, wir glauben, daß sein Denken über die Heilkunde, seine Sichtweise der Verklammerung von Heilkunst und Religion, die er 1925 gedacht hat, jetzt ganz langsam auch von anderen gedacht werden kann.

Herbert Fritsche, der Blühers ›Antisemitismus‹ ganz ebenso gehaßt hat, wie er das Buch ›Traktat über die Heilkunde‹ geliebt hat, gibt eine glänzende Einschätzung über das vorliegende Buch und seine Wirkung, die es auf die Nachkommenden haben könnte:

»Hans Blüher als ›nobilitierender Genius‹ wirklicher Naturerkenntnis weist die infauste Diagnose, die jeder Beobachtungsfähige unserer Zeit zu stellen geneigt ist, als Fehldiagnose nach: nämlich daß wir keine Zukunft mehr haben. Wir *haben* Zukunft, weil er, Blüher, als real inkarniertes Mensch seit vier Jahrzehnten *aus der Zukunft zu uns spricht.* Aus einer offensichtlich so weitreichenden Zukunft, daß das meiste des von ihm Gesagten noch längst nicht bei uns Gegenwärtigen angekommen ist.«

(Herbert Fritsche: Erhöhung der Schlange, Stuttgart 1953)

Dr. Peter Orban, Oktober 1985

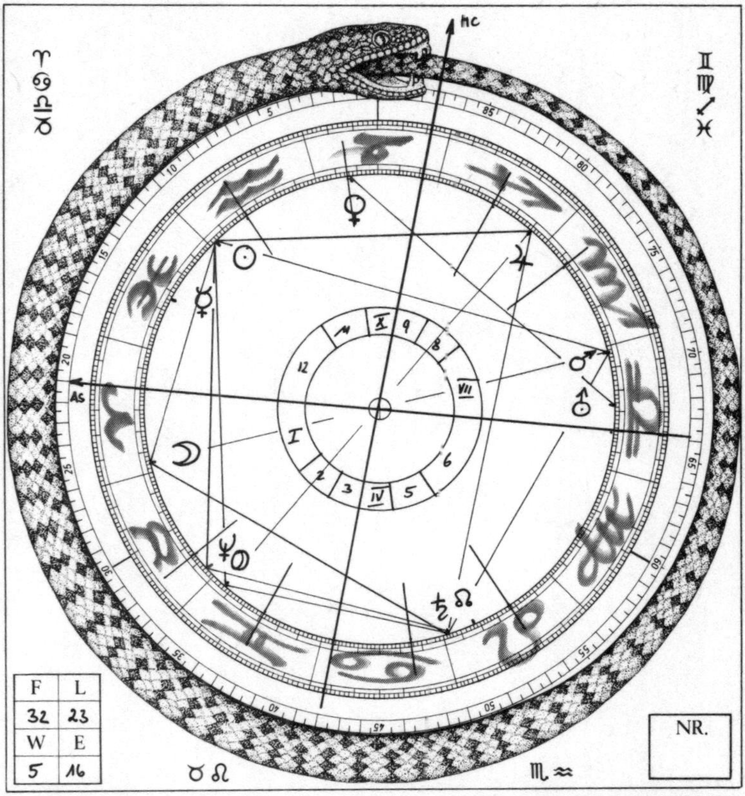

Name	Hans Blüher	Geb.-Datum	17.2.1888	Geb.-Zeit	8^{30}
Geb.-Ort	Freiburg / Schlesien	Breite	50°51'39"	Länge	16°19'20"

MEZ		MC	3°42' ♑
WZ		11	22°33' ♑
K		12	18°32' ♒
OZ		AS	9°23' ♈
ST		2	22°33' ♉
KP		3	15°34' ♊

☉	28°07' ♒	♃	4°45' ♐
☊	8°45' ♌	♄	1°11' ♌ R
☽	27°55' ♈	♅	16°55' ♎ R
☿	16°12' ♓	♆	27°20' ♉ S
♀	21°46' ♑	♇	3°04' ♊
♂	28°44' ♎	⛢	

Sokrates

Glaubst du denn, es sei möglich, von der Natur der Seele eine nennenswerte Kenntnis zu erwerben ohne Zusammenhang mit der Natur des Ganzen der Welt?

Phaedros

Wenn man auf Hippokrates aus dem Geschlechte der Asklepiaden sich einigermaßen verlassen darf, wäre das nicht einmal in bezug auf den Körper möglich ohne diese Betrachtungsweise. (Plato Phaedros Kap. 54.)

VORWORT

Dieses Buch verdankt seine Entstehung (nicht seinen Ursprung) abgebrochenen Gesprächen, die ich seit mehr als einem Jahrzehnt mit Vertretern der Heilkunde geführt habe. Ich verstehe darunter zunächst die eigentlichen Mediziner, dann im Besonderen die Psychoanalytiker, mit denen ich lange und eingehend verkehrte; zudritt aber (und daran erkennt man, worum es mir immer zu tun war) die Anhänger der Christlichen Wissenschaft (Christian science) vor ihrer rettungslosen Verpfaffung. Die äußere Form dieser Gespräche war gewöhnlich der Diskussionsabend, jene absichtlich arrangierten Redetourniere, zu denen ein Jeder mit der festen Absicht kam, als der Klügste zu erscheinen. Die letzten beiden Jahrzehnte hatten viel Gefallen an diesen Zusammenkünften, und niemand merkte, daß das garnichts auf sich hatte.

Mir ging es nun bei diesen Gelegenheiten allmählich auf, daß bei *allen* Erkenntnisbemühungen, die um die Religion gehen (und das tut es bei der Medizin), die Wahrheit sich am aller ungernsten in die Form des dialektischen Sieges kleidet, ja, ich mutmaße, daß das rechtschaffen Bewiesene ihre schlechteste Garderobe ist, die sie schließlich überhaupt nicht mehr anzieht. Und wer könnte auch, so sagte ich mir, wenn er *wirklich* vom Geiste der Wahrheit durchwärmt ist, Wert darauf legen, vor den Menschen zu scheinen mit seinen Siegen? Es ist das Stilgeheimnis der reifsten Platonischen Dialoge, daß die Wahrheit, die in ihnen so sichtbarlich ihren Weg nimmt, sofort ihre Spur verwischt, wenn sie hinlänglich verdächtig wurde, sich im Kopfe eines Gesprächsteilnehmers einzunisten.

Je mehr mir dies alles klar wurde, umso mehr mied ich jene Geselligkeiten der professionellen Rechthaber, und kam endlich dazu, nur noch die Form des Gespräches und der Gesellschaft zu betreiben, die *natürlich* war und nichts von Arrangement an sich hatte. Da ist zunächst die zufällige Begegnung zu notieren, im Übrigen jene unverwüstliche Form, die in »Auerbachs Keller« schriftdeutsch geworden ist. Vom Salon verstehe ich nichts. – Ich war inzwischen der Meinung geworden, daß die Wahrheit sich immer *natürliche* Wege sucht, wie das Wasser, und daß sie sich keineswegs an die Veranstaltungen der Menschen hält, auch wenn diese es noch so gut mit ihr meinen; vor allem aber, und das ist das Wichtigste, erscheint sie niemals *aus Spaß*.

Und hier kann ich die Quelle verraten, aus der mir alles Wesentliche, was ich etwa über die Medizin weiß, zugeflossen ist; es sind die aus der tiefsten Not geborenen Gespräche, die ich mit meinen Patienten seit jenen fünfzehn Jahren gehalten habe, während welcher ich mich um die Therapie der Neurosen bemühe. Das ist, wenn man es so nennen will, mein Spezialgebiet und mein bürgerlicher Beruf. Diese Gespräche wurden nicht geführt, damit jemand Recht behielt (vor allem ich nicht), sondern damit jemand geheilt werde; und das ist wahrlich eine ernste Sache. Hier war nichts anderes arrangiert, als die Sprechstunde selbst. Die Inhalte aber waren frei, wie der Sturm und die Morgenröte. Ihnen habe ich mich ausgesetzt, und habe dabei gefunden, daß den bisher im Schwange befindlichen Neurosenlehren *das Wesentliche fehlte,* und zwar in einer ähnlichen Art, wie jenen Siegern im dialektischen Wettkampfe die Wahrheit. Ich habe gefunden, daß der Angelpunkt der Neurose *wo anders liegt,* als die Mediziner meinen (nicht in der menschlichen Seele, dem Krähwinkel der Philosophie); und vom verlegten Angelpunkte der Neurose kam ich zum verlegten Angelpunkte der gesamten Medizin. *Alles* was in diesem Buche steht, ist durch die Erfahrung gedeckt; alles, auch das Abstrakteste und am meisten Theoretische, wurde von wirklichen Patienten berührt, und je nach ihrem Range stießen sie tiefer oder flacher in das Problem. Aber sie haben alles, was ich hier zu sagen habe, mit ihrem Leiden und ihrer Genesung gedeckt.

Ich schrieb gerade am vorletzten Kapitel dieses Buches, als in die medizinische Welt jene berühmte Rede fiel, die *August Bier*, einer der ersten deutschen Chirurgen, in der »Gesellschaft für innere Medizin« hielt. In dieser bekannte er sich ausdrücklich zu *Paracelsus* und verwies rühmend auf die Homoeopathie und Biochemie. Seitdem will es in den medizinischen Blättern und Tageszeitungen nicht mehr ruhig werden, denn mit dieser Rede ist die *Krisis der Medizin* ans Tageslicht gekommen. August Biers persönlicher Rang bürgt für das Schwergewicht seiner Worte. Es hat keinen Zweck, die Zeitungsstimmen zu verfolgen, und sich etwa »ein Bild zu machen« über den Stand der Frage von Allopathie und Homoeopathie. Wer heute überhaupt noch Zeitungen liest, soll doch wenigstens wissen, daß hinter *diesem* Kampf nichts weiter steht, als die Interessen der chemischen Industriekonzerne und ihrer jeweiligen Stützungsbanken; das alles gehört in den Börsenteil — so müßte man sagen, wenn nicht die Zeitungen im Ganzen in ihren eignen Börsenteil gehörten. Die Worte Biers bedeuten vielmehr ein Signal der Krisis, und diese selbst ist nicht mehr wegzuleugnen. Es *ist* so, daß die akademische Medizin mehr und mehr an Glauben bei den Kranken verliert, und wenn Laienurteile auch sonst nicht von großem Belang sind, so bedeutet ihre Summe doch immerhin die Basis für das ärztliche Jahreseinkommen. Die verfahrene Situation ist jedenfalls nicht mehr zu verheimlichen.

Wenn nun eine Autorität vom Ansehen Biers solche Bekenntnisse ablegt, so bedeutet das ungefähr so viel, als wenn ein römischer Kardinal sich wohlwollend über Luther äußert. Und wenn das ein Kardinal täte, so würde das bedeuten, daß die römische Kirche sich in einer Krisis befindet und zum Beispiel Hilfe gegen die Freimaurer sucht. Es hat keinen Sinn, sich darüber den Kopf zu zerbrechen, worin die Heilwirkung der biochemischen und homoeopathischen Mittel besteht. *Das* ist nicht das Thema. Bier hätte auch ebensogut noch die

Namen des Pastors *Felke* oder des Burgherrn *Baunscheidt* nennen können. Es sollte damit gesagt sein, daß die bisherige Medizin sich genötigt sieht, jene urwüchsigen und originalen Medizinen in sich aufzunehmen, wiewohl man sie vorher verpönte. Daß das nicht mit offnen Armen geschehen kann, versteht sich von selbst. Das Bündnis der Medizin mit der chemischen Industrie sorgt aber dafür, daß durch Erfindung von Namen das Decorum gewahrt bleibt. Man muß sub rosa sprechen. Der Prozeß selbst ist unvermeidlich. Er ist es ebenso, wie die unleugbare Tatsache, daß die römische Kirche in dieser Zeit versucht, sich protestantisches, ja urgermanisches Geistesgut einzuverleiben, und diese Aufgabe dem Benediktinerorden überträgt.

Daß Menschen mit ausgesprochener Vorposten- und Aufgabenfunktion keineswegs *wissen* müssen, was sie eigentlich mit ihren Worten sagen, das brauche ich hier nur nebenbei zu erwähnen, damit mich nicht irgendein Adept belehrt »*So* haben der Herr Geheimrat Bier das sicher nicht gemeint«. Mag er gemeint haben, was er will — es *wird* mit ihm gemeint. Mag er revozieren – der Würfel ist gefallen.

Das schwerste Gewicht hat freilich seine Berufung auf Paracelsus. Schalten wir die Heilmittellehre hier aus, die sich in dünner Tradition noch bis auf den heutigen Tag als *spagyrische* Medizin erhalten hat, so bedeutet das: die Annahme einer wesentlich mittelalterlichen Weltanschauung. Bedeutet auch die Verbindung der Religion mit der Medizin und die Lösung des verderblichen Bündnisses mit der Naturwissenschaft. Hier entsteht ein lebensgefährdender Konflikt für jeden Mediziner. Auf der einen Seite moderner Mensch sein, auf der andern dem Wesen des letzten Arztes von schlechthin großem Formate folgen, der so ungefähr allem ins Gesicht schlägt, was man heute denkt. Das ist nicht mit dem Kopf zu überwinden, sondern nur mit der Natur, und zwar mit der eignen. Dieser Konflikt, der das eigentliche Thema der medizinischen Krisis ist, kann nur überwunden werden von denjenigen Ärzten, denen die Natur den Stempel des Arztes aufgedrückt hat. Das werden Wenige sein im Vergleich zu den Vielen, die heute das Opfer der Krankenkassen sind. Aber von jeher ist die Entscheidung durch Wenige gefallen.

Berlin-Hermsdorf *Hans Blüher*

Erstes Kapitel

DER ABFALL DES HIPPOKRATES VON DER PRIESTERMEDIZIN DER ASKLEPIADEN

Im Jahre 415 v. Chr. rüstete Athen unter Alkibiades gegen Sicilien. Für diesen Feldzug – der in den Steinbrüchen von Syrakus sein Ende fand – hatte *Hippokrates* aus Kôs eine fliegende Sanitätskolonne zur Verfügung gestellt unter der Führung seines Sohnes Thessalos. Dieser hielt vor Beginn eine Rede an den Demos von Athen, in der folgende bemerkenswerte Worte fielen: »Im Anfang war Asklepios und Herakles zum Heile der Menschen. Meine Heimatstadt und ich selbst, der ich hier rede, führen unsere Abkunft auf diese zurück.« – Diese Worte sollten einen Vorgang betonen und richtig stellen, der sich bei Hippokrates, seinen Söhnen und Schwiegersöhnen ereignet hatte: die Sippe war nämlich – nach langsam geöffneten Karten – von der alten Priestermedizin der Asklepiaden abgefallen und hatte einen neuen Standpunkt in den Dingen der Heilkunde gewonnen; dieser hatte schon in den verschiedenen litterarischen Niederschlägen der Hippokratiker seinen unverhüllten Ausdruck gefunden. Die Sippenmitglieder legten Wert darauf, nicht verwechselt zu werden. Athen, das an der niedrigsten aller Staatsformen angekommen war, konnte leicht auf den Gedanken kommen, daß die große Wende in der Heilkunde, wie sie durch die Hippokratäer geschah, eine Verwandtschaft hätte mit der Wende in der Staatskunst, wie sie sich in Athen vollzogen hatte. Athen stand vor dem verdienten Zusammenbruch; die Sippe des Hippokrates aber war gerade erst im Begriff, die Grundlage für die wissenschaftliche Medizin zu schaffen, wie sie noch heute vollkommen unverändert dasteht. Um den Abstand vor diesem Volke zu wahren, betont daher der junge Hippokratiker zu allererst seine adlige Abstammung und damit die natürlichen Vorzüge, die in ihr liegen; außerdem spricht er, um jeder Aufklärerei von vornherein das Handwerk zu legen, die bedeutsamen Worte aus: »Im Anfang war Asklepios und Herakles zum Heile der Menschheit«. Mit dieser Wendung hält er den Kontakt mit der Priesterschaft aufrecht, von der seine Sippe zugleich abgefallen war.

Von der Macht der Priesterschaft im alten Hellas macht man sich heute eine zu geringe Vorstellung. Aischylos, der große Tragiker, der den Siegesreigen von Salamis anführte, wurde, so berichtet Aristoteles im zweiten Buche der Ethik des Nikomachos (drittes Kapitel) vor den Areopag geladen, weil er in einem seiner Stücke Geheimnisse der Eleusinischen Mysterien verraten haben soll. Er wurde nur durch den Nachweis freigesprochen, daß er niemals in die Mysterien eingeweiht worden sei. Wenn er also etwas »verraten« habe, so sei das sua sponte geschehen, aus der unwillkürlichen Funktion des genialen Zeugens heraus. Das geniale Zeugen aber stimmt zu aller Zeit und in allen Ländern überein mit dem priesterlichen Wissen. – Die Priesterschaften verfügen stets, da sie unmittelbar mit geistigen Kräften in Berührung stehen, über Mittel, von denen das Volk nichts ahnt, und sie können sie im Sinne ihres Machtwillens benutzen. Je mehr das Volk »seinen eigenen Gesetzen« lebt, um so leichter ist es, und daher bieten demokratisch regierte Völker stets den geringsten Widerstand gegen priesterliche Machtgelüste. Der wirksamste Schutz gegen sie kann daher niemals vom – immer ahnungslosen – Volke kommen und seinen nichtigen Begriffen von Freiheit der Rede, sondern nur von ebenbürtigen Mächten; von diesen hat sich das angestammte erbliche Königtum als der wirksamste erwiesen. Hier wird die Sache mit den Göttern unter vier Augen in maßvoller Weise abgemacht.

Aber der Abfall des Hippokrates bezog sich nicht auf die Teile der Priesterschaft, denen die Erhebung des Tempeltributes die Hauptsache war, sondern er fiel vom obersten

Typus des heilenden Priesters ab. Das ist eine andere Sache. Diesen mag es »in Wirklichkeit« gar nicht gegeben haben. Hippokrates mag ihm nicht begegnet sein, und seine Besuche in den Asklepieien mögen ihm immer nur abergläubische kleine Pfaffen gezeigt haben, die ihre Gebetformeln hermurmeln und damit die Krankheiten heilten; einerlei: jeder große Mann weiß, daß es den obersten Typus des heilenden Priesters *gibt;* auch wenn er nur seinen schlechten Kopien begegnet. Ja, jeder große Mann spürt ihn als eine solche Realität, daß er eigentlich nur mit *ihm* verbunden ist und mit den übrigen Menschen nur flüchtige Bekanntschaften schließt. – Es waren die eigenen Familiengenossen des Hippokrates, die im Laufe der Jahrhunderte in Griechenland die Asklepieien errichtet hatten; so in Kôs, der Heimatstadt des Hippokrates, in Kroton, Epidauros, Kyrene und Knidos, der Landschaft der Demeter. Das waren Heilungsstätten (Sanatorien) in hochgelegner Landschaft mit Wandelgängen und Heilquellen unter Leitung der Asklepiadischen Priesterschaft. Hippokrates berichtet in einer seiner Schriften über die heilige Krankheit: »Sie bedienen sich der Sühnmittel *(καθαρμος)* und Zaubergesänge *(ἐπαοιδη)*«. Wir legen den Finger auf die Zaubersprüche, denn hier liegt die Wende der Medizin und wir werden ihnen wieder begegnen, nachdem die Medizin sich von neuem gewendet hat. Gute Kenner der griechischen Sprache haben gefunden, daß der Stil der Zaubersprüche sich noch in den »Koischen Prognosen« des Hippokrates wiederfindet.

Man wird nicht glauben wollen, daß Jahrhunderte alte Institutionen, wie die Asklepieien, auf Grund einer bloßen Nichtigkeit aufgebaut sind, so wenig wie man glaubt, daß etwa die Kirche des römischen Stuhles ihre Existenz einem Aberglauben verdankt. Was hieran abergläubisch und nichtig ist, das haben die Menschen unterhalb des obersten Priesters hinzugetan und hineingedeutet. Pfäffereien sind immer weder wahr noch falsch (vgl. hierzu Immanuel Kant: Kritik der reinen Vernunft in dem Kapitel über die Antinomieen der reinen Vernunft). Die Asklepieien verdanken vielmehr ihre Existenz einem bestimmten priesterlichen Urwissen (eben jenes, das Aischylos »verraten« haben sollte) und der aus ihm strömenden heilenden Macht. Dieses Urwissen ist bis zu einem merklichen Grade in Worten überlieferbar, ja man kann soweit gehen, zu sagen: wir besitzen heute philosophische Formeln, die diesem Wissen in einer Weise nahe kommen, wie es im Altertum nicht geschah. Unsere heutige Zeit besitzt eben eine Souveränität in Dingen der Philosophie, wie sie sonst keine andere besaß; doch muß man dabei bedenken, daß solche philosophischen Formeln nicht in einer Ebene liegen mit den sonst geläufigen mathematischen, chemischen und physikalischen, vielmehr eine Dimension mehr besitzen, sodaß zu ihrem Gebrauch wiederum eine bestimmte nicht jedem gegebene Eignung erforderlich ist. Das priesterliche Urwissen, von dem hier die Rede ist, würde sich etwa folgendermaßen ausdrücken: Die Krankheiten stammen von den Göttern (und zwar von *verletzten* Göttern); ihre Heilung kann daher ausschließlich geschehen durch Versöhnung der Götter. Wenn es gelingt, die Brücke zu schlagen (pontifex) und die verlorene Verbindung mit den Göttern wiederherzustellen (religio) so ist Krankheit unmöglich. – Der rigorose priesterliche Standpunkt den Krankheiten gegenüber muß also der sein, daß jeder Eingriff in ihren Verlauf außer dem des Brückenschlages Pfuscherei, verstärkte Sünde und neuer Frevel ist. Niemals kann auf einem anderen Wege wirkliche *Heilung* erfolgen, als auf dem der Religion. Wunden flicken ist nicht Wunden heilen. Wo Narben bleiben, da ist keine Heilung, weder im Körper noch in der Seele.

Hinter dieser, auf die menschliche Medizin gemünzten priesterlichen Anschauung, steht natürlich das ganze übrige Weltbild der Religion. Hiernach ist die gesamte irdische Welt verwundeter Gott. Das Heilen, das heißt, der Inhalt der Religion, ist auf allen Stufen immer eines und dasselbe: ob der eitrige Finger heilt, oder die kranke Seele, oder ob die gesamte geschaffne Kreatur zum Schöpfer zurückgeatmet wird: das sind verschiedene Schauplätze, aber derselbe Vorgang. Und dieser Vorgang ist der ausschließliche Inhalt der Religion.

Dieses priesterliche Urwissen, dessen philosophische Formulierung hier kurz versucht wurde, ist gänzlich unabhängig von jeder Historie; es ist zu allen Zeiten gleich und war bei der Gründung der Asklepieien genau so frisch und unmittelbar wie es heute im Kopfe eines klarsichtigen Europäers ist. Dagegen sind die Formen des Brückenschlagens außerordentlich verschieden. Sie sind immer von kultischer Art und bestehen in Opfer, Liturgie, Gesang, Weiheformeln, und sie kreisen im Wesentlichen um den Akt der Consecration, welcher bedeutet: die unmittelbare Anwesenheit Gottes in der geschaffenen Natur zu erwirken durch einen einzelnen priesterlichen Akt zum Heile der Gläubigen. Aus diesen pontifikalen Handlungen sind, wie man weiß, alle Künste und alle Wissenschaften entstanden, sodaß mit Recht der Priester als der Urheber der Kultur gelten kann. Daher ist es sehr wohl möglich, den Wert einer Kunst und den Wert einer Wissenschaft daran zu messen, ob sie sich auf diesem oder jenem Umwege in die ursprünglich sakrale Form zurückverwandeln lassen oder einen solchen sakralen Kern enthalten.

Man muß hierbei wissen, daß der priesterliche Mensch mit dem Urwissen sich historisch gebunden stets in kultischer Organisation vorfindet, als Bruder, Ordensmitglied. Dieser Form aber steht eine weltliche gegenüber, die dasselbe Urwissen besitzt, aber grundsätzlich auf die Bindung an eine Religionsgemeinschaft verzichtet. Diese weltliche Form des priesterlichen Typus, dem alle Genien angehören — vergleiche den Fall Aischylos — enthält sich jeder kultischen Pose, die nur in den Bünden und Orden Sinn hat, und legt Wert darauf, sich von seiner Umwelt durch nichts zu unterscheiden; es sei denn durch jenen unvergänglichen Stempel, den die Natur ihren legitimen Söhnen unverwischbar ins Antlitz drückt.

Zurückkehrend zu den Asklepieien bemerken wir nun, daß jener Abfall des Hippokrates von der Priestermedizin eine ganz bestimmte Haltung verrät, durch die allein ihre geschichtliche Größe gerechtfertigt ist. Wir haben in Hippokrates eine ausgesprochen unreligiöse Natur zu vermuten. Diese mangelnden Organe haben ihn aber nicht dazu verführt, die Gegenstandslosigkeit der Religion zu behaupten. Hierdurch unterscheidet er sich durchaus von den modernen Aufklärern. Er erkennt vielmehr ausdrücklich an, daß alle Krankheiten »von den Göttern stammen«. Aber er stellt sich auf den Boden der empirischen Ursachen, und schaltet damit ein für allemal den für alle Priestermedizin grundlegenden Gedanken der *Schuld* aus. Diesen wohltätigen Eingriff bekommt noch heute jeder Kranke zu spüren, wenn er in das Sprechzimmer eines Arztes eintritt. Jeder Kranke nämlich hat das dumpfe Gefühl »ich bin selbst an meiner Krankheit schuld« und dieses Gefühl trifft einen wahren Tatbestand; vor dem Arzte aber weiß er, daß dieser Punkt nicht berührt wird. Hier wird nur seine Krankheit behandelt und nicht *er*. Das war der erste entscheidende Vorstoß des Hippokrates. Dieses Erbe ist bis auf den heutigen Tag in vollem Umfange erhalten geblieben: die moderne Medizin behandelt seit ihrem Gründer immer nur Krankheiten, niemals Kranke.

Der neue Standpunkt hatte von vorne herein gewichtige Gründe für sich. Zunächst ließ die priesterliche Heilskraft in den letzten Jahrhunderten sichtlich nach und zwar in gleicher Weise etwa, wie die vernünftelnde Tätigkeit des griechischen Volkes zunahm. Dann die vielen Kriege; hier war keine Zeit zum Brückenschlagen, hier galt es schnelle Hilfe in dringender Not. Noch ein anderer Grund, der freilich dem Hippokrates nicht bewußt sein konnte, sprach für ihn: die europäische Menschheit schickte sich an, in den folgenden Jahrtausenden riesenhaft anzuwachsen. Diese Zunahme betraf aber nicht die Priesterschaft und das Volk gleichmäßig, sondern die Priesterschaft blieb zurück. So entstand ein Mißverhältnis, das noch heute besteht, und das eine andere Handhabung der Ärztekunst erforderte. So griff Hippokrates zu der Gestalt des *Machaon*, seinem eignen Vorfahren, zurück, den der homerische Mythos schon traditionell betont hatte; er gründete sein Ärztetum auf die Parole: *rebus sic stantibus* zu helfen. Es ist die Formel der weltlichen Medizin bis auf den heutigen Tag geblieben. Hippokrates stürzte sich blinden Auges, wie die Gerechtigkeit, auf die Krankheiten, studierte ihren Ablauf — eine jahrhundertelange Tradition der Erfahrung stand ihm hier zur Seite — und legte die Heilmittel fest. Hierdurch entstand eine Art von »Wissenschaft«, die nach dem (völlig richtigen) Gefühl des priesterlichen Typus durchaus Unwissen war, denn alles echte Wissen muß den Character der Notwendigkeit an sich tragen (es war die Frage, die Platon, den Priesterschüler, beschäftigte). Hier aber trat ein Mann auf, der griff einfach frisch in den Tatsachenbefund der geschaffenen Natur hinein, hieb ab, was ihm nicht paßte, schnitt dort ein Stück fort, setzte hier etwas hinzu, bis es zum praktischen Gebrauch stimmte, und nannte das seine medizinische Wissenschaft. Was ihm begegnete, das schrieb er auf, und das war die Wahrheit. Es war eigentlich eine völlig verkehrte Art, eine Wissenschaft zu gründen, und es ist auch gewiß nicht eigentlich Wissen, aber es war unerhört praktisch, den Erfordernissen eines Feldscheerers auf das beste angepaßt; und in der Tat: Hippokrates hat es erreicht, daß dieses empirische Wissen noch heute allgemein als die einzig wahre Naturwissenschaft und Medizin gilt. Jeder, der anders verfährt, und die Medizin statt mit der Naturwissenschaft mit der Religion verbindet, wird noch heute für einen Schwärmer, Phantasten, oder gar für einen Philosophen gehalten. Aber wenn ein großer Mann, wie Hippokrates, eine große Taschenspielerei begeht, und dabei noch dazu weiß, was er tut, so ist es auch eine große Sache. Von seinen Abkömmlingen, die *nicht* wissen, was sie tun, ist ja so wie so nicht die Rede.

Es ist also vollkommen richtig, wenn man den Hippokrates den Vater der Medizin nennt. Nur kleinlicher Philologeneifer kann nach Dokumenten stöbern, die vorhippokratëisch sind und bereits denselben Gedanken enthalten; alle Gedanken der Welt waren schon früher einmal da. Vatersein, heißt der Zeugende sein; ob man der Erste war, darauf kommt es bekanntlich nicht an.

So wie der dorische Tempel unveränderlich ist, und durch Arabesken nur schlechter werden kann, so ist die hippokratëische Medizin unveränderlich, weil sie einmal richtig gedacht, richtig getan und richtig durchgefochten wurde. Alles was heute wissenschaftliche Medizin heißt, ist tatsächlich auch dem Inhalte nach nichts anderes, als die hippokratëische. Es ist hier nichts wesentlich Neues hinzugedacht worden und, wenn man bedenkt, was verloren ging, nichts Neues hinzugetan. Das Gewicht ist das gleiche geblieben. Fortschritte hat es immer nur auf Teilgebieten gegeben, und diese wurden durch Rückschritte anderswo wieder aufgewogen. Man kann noch heute aus dem Hippokrates lernen, wie man einen Klumpfuß bandagiert, die alten Diätvorschriften sind noch heute anwendbar, und die berühmte »Bank des Hippokrates« ist das genaue Vorbild der heutigen Operationsstühle; ob aus Holz oder Metall, das spielt keine Rolle. Zweifellos waren die Hippokratäer im vollen Besitz der Narkose. Im ersten nachchristlichen Jahrhundert finden wir sie bei Dioskorides ausführlich beschrieben. Bei Hippokrates selbst finden wir nur die Mandragorawurzel als Hypnotikon erwähnt. Liest man aber die verschiedenen Operationen, die genau beschrieben sind, so kommt man unwillkürlich auf den Gedanken: das kann kein Mensch bei klarem Bewußtsein aushalten. Dieses Gefühl würde aber jeder bekommen, der ein heutiges Lehrbuch der Chirurgie liest, und nicht weiß, daß die Narkose dabei als selbstverständlich beim Leser vorausgesetzt wird; die Methoden der Narkose befinden sich in besonderen Schriften, und so ist es zweifellos auch bei Hippokrates gewesen. Die Schrift aber, in der das allein hat stehen können, hieß »Pharmakitis«, das Kräuterbuch, und dieses Buch ist spurlos verschwunden. – Als eine volle Errungenschaft der modernen Medizin gegenüber der Antike ist wohl die Serumtherapie zu buchen, und zwar ist das einer der Erfolge, bei dem auf den ersten Blick die üble Kehrseite nicht sichtbar ist. Die modernen Untersuchungsmethoden scheinen zunächst wieder einen Fortschritt gegenüber der Antike zu bezeichnen, solange man sich durch die Wucht der Instrumentation blenden läßt: aber was durch den Röntgenapparat gewonnen ist, ging aus den Fingerspitzen verloren.

Doch dieses Abwägen für und wider in bezug auf den Fortschritt ist ein müßiges Spiel, solange man im Auge behält, daß der Standpunkt der modernen Medizin und der Standpunkt des Hippokrates derselbe sind und sich in nichts Wesentlichem unterscheiden. Jeder heute lebende Europäer hat ein großes Interesse daran, zu glauben, daß die heutige Medizin besser sei als die antike, denn er ist im Notfalle auf sie angewiesen. Nichts ist lächerlicher, als von einem überheblichen Priesterstandpunkte aus (wobei das Priestertum noch gar eine üble Maskerade ist) auf eine so durchaus tüchtige Wissenschaft herabzusehen, die mit beiden Füßen auf der Erde steht. Von je her haben sich die *untersten* Grade eines jeden Standes am fanatischsten bekämpft.

Es ist aber durchaus in Frage zu ziehen, ob die Medizin heute ihren Höhepunkt hat, oder in den Tagen des Hippokrates. Von einem dauernden Fortschritt zu reden, wie es der Lieblingsgedanke des heutigen Europäers ist, kann in Anbetracht der schweren Schläge, welche die Medizin seit Hippokrates erlitten hat, nicht zugegeben werden. Im besten Falle halten sich die Perioden die Wage. Von diesen schweren Schlägen seien hier einige erwähnt.

Da ist zunächst die Lockerung des Sippenverbandes. Die Medizin, die ursprünglich Berufseigentum der Asklepiadenfamilie war, hat schon sehr bald nach Hippokrates den Erbecharacter verloren, und heute ist keine Spur mehr davon vorhanden. Mediziner kann jeder werden, der es auf der Universität lernen will, und er wird dieses Metier ergreifen, wenn die Statistik der Berufe ihm eine kommende Nachfrage anzeigt. Mit jener Blutgebundenheit ging natürlich das ganze medizinische Fingerspitzengefühl, das Reagieren auf den klinischen Befund mit dem ganzen Wesen des geborenen Arztes verloren. Die diagnostische Methode, heute zu einer Art Kriminalistik ausgebildet, kann aber niemals den unmittelbaren Blick für den Kranken ersetzen, wie er den Asklepiaden eigen war. Der richtige chirurgische Griff folgte hier geradenweges aus Blut und Sicht. Freilich gibt es das heute noch, Ärzte werden eben auch heute geboren, aber sie kommen als Einzelne auf die Welt.

Eine zweite große Schädigung erfuhr die Medizin durch die *Chemie*. Innerhalb dieser heute ganz modernen Wissenschaft hat sich nämlich im Laufe der Jahrhunderte genau der gleiche Abfall von einer priesterlichen Ursprungserkenntnis vollzogen, wie in der Medizin. Diese Ursprungswissenschaft (regiert von Erkenntnissen ersten Grades) heißt *Alchimie*. Um gleich in medias res zu gelangen zitiere ich einige Stellen aus dem Buche »Paragranum« des Theophrastus Bombastus *Paracelsus*, Ritters von Hohenheim (und verwende dabei die schöne Ausgabe, die im Verlag Eugen Diederichs, Jena erschienen ist):

»die Natur ist so subtil und so scharff in ihren dingen / daß sie ohn große Kunst nicht wil gebraucht werden: Dann sie gibt nichts an den tag / das auff sein statt vollendet sey / sondern der Mensch muß es vollenden: Diese Vollendung heißet *Alchimia*.«

»Dann die Natur wil / das inn allweg die bereittung bey dem Menschen sey / wie in Ihr: das ist / das ihr nachgehandelt werde / unnd nicht den tollen Köpffen nach.«

»So nuhn so viel ligt in der Alchimey / dieselbige hie in der Artzeney so wol zuerkennen / ist die ursach der großen verborgenen tugendt / so in den dingen ligt der Natur / die niemandt offenbar sind / allein es mache sie dann die Alchimey offenbar und brings herfür: Sonst ist es gleich als einem / der im Winter einen Baum sicht / und / kennet ihn aber nit / und weißt nit was in ihme ist / so lang biß der Sommer kompt / und eröffnet einander nach / jetzt die sprößling / jetzt das geblüh / jetzt die frucht / und was dann in ihme ist. Also ligt nun die tugent in den dingen / verborgen dem Menschen. Und allein es sey dann / das der Mensch durch den Alchimisten dieselbigen inne werde / wie durch den Sommer / sonst ist es ihm unmüglich.«

Der Grundgedanke der Alchimie ist der der Veredlung oder »Vollendung« der Gesteine in der Richtung auf das Gold (der Pflanzen in der Richtung auf den »Weizen«). Alle Wissenschaften ersten Grades sind aber stets doppelarmig gebaut, und die Alchimie in ihrem wirklichen Sinne enthält den Gedanken: daß der Mensch (Mikrokosmos) den Weg zum »Golde« (Makrokosmos) *mitmacht.* Die Goldwerdung der Gesteine muß sich also vollziehen parallel mit einem innerlichen Wege des Menschen, der ihn gleichfalls zur Vollendung führt. Wie man weiß, ist die mittelalterliche Alchimie an der Erbärmlichkeit der Alchimisten gescheitert. Lionardo da Vinci und Pico della Mirandola hatten allen Grund, den Alchimisten und Astrologen ihrer Zeit entgegenzutreten und sie der Scharlatanerei zu zeihen. Denn in Wahrheit ist es so, daß in der Tat die Gesteine sich in Gold verwandeln lassen, der Weg ist von der Natur vorgezeichnet; diesen Weg zu finden aber erfordert Eigenschaften, wie man sie z. B. bei den heutigen Naturforschern vergeblich suchen wird (einige sogenannte »Phantasten« vielleicht ausgenommen). Nun ist aber folgende Situation gegeben: entweder der Finder *hat* die Eigenschaften, die der uralte Gedanke der Alchimie vorschreibt; dann wird er von seiner Entdeckung keinen Gebrauch machen, es sei denn, daß er die Körner (die nicht »chemisch rein« sind) seinen Kindern zum Spielen gibt, und den Akt im übrigen nicht wiederholt. Oder aber, wenn er auf die andere Seite gehört, und es wirklich wahr sein sollte, daß die Natur sich solch einem Geiste erschließt, so wird er das Schicksal des Königs Midas haben und an dem ungeheuren Trugschluß zugrunde gehen. – Wie man also weiß, zerbrach die Alchimie an der Erbärmlichkeit der Alchimisten, die nichts weiter im Kopfe hatten, als »Gold zu machen« und reich zu werden. Aus den Trümmern der Alchimie entstand die moderne Chemie; von ihr muß man von vorne herein wissen, daß sie eine Wissenschaft zweiten Grades ist, also *unter* der Alchimie steht und mit ihr nicht in einem Atemzuge genannt werden darf; aber sie ist zunächst einmal sauber, und das macht sie ihren Schülern leicht.

Wir treffen im Verfolg dieser Erscheinungen der Wissenschaftsdérangierung noch auf eine Reihe gleicher Vorkommnisse, die alle in dasselbe Flußbett münden. So ging die alte Sternwissenschaft (Astrologie) aus dem gleichen Grunde unter und erstand als Wissenschaft zweiten Grades in der modernen Astronomie; hierbei darf man aber nicht vergessen, daß die Schöpfer dieser Wissenschaft, vor allem Copernikus, Kepler und sogar Newton kaum eine Ähnlichkeit mit den modernen Astronomen haben; Copernikus war nicht nur Astrologe, sondern auch Arzt, und man kann sich denken, daß der Domherr von Frauenberg nicht gerade so ohne weiteres Hippokratäer war.

Alle diese Dérangierungen alter Wissenschaften haben das Gemeinsame, daß sie von der »verborgenen tugendt« absehen, welche sowohl in macrocosmo wie in microcosmo verankert ist und durch einen *bestimmten Akt* aus ihrer Verborgenheit hervortritt. Der Mensch als Träger des Mikrokosmos wird ausgeschaltet und an seine Stelle tritt der »Mensch« als zufälliges Lebewesen, das wir nun einmal sind. Da müssen die großen Wissenschaften verarmen. Es sei nur nebenbei zur Verdeutlichung bemerkt, daß die Alchimie einen ganz dünnen Nebenzweig in die moderne Zeit hinein geschickt hat, der echt ist, das ist die Gartenkunst. Die Veredlung von Pflanzen und Bäumen ist hier, wenn auch freilich unbewußt, bis zu einem merklichen Grade parallel gegangen mit einer gewissen Menschenveredlung. Denn man wird bemerken, daß Gärtner, auch Baumschulenbesitzer, unter den Geschäftsleuten des heutigen Tages ganz sichtbarlich den einen Vorzug haben, daß sie nicht so ohne weiteres dem Zuge der Zeit gefolgt sind, sondern einen gewissen gutherzigen Zug und ein gerechtes, mit der Erde verbundenes Wesen behalten haben. Sie sind bei ihrer Kunst etwas mit der Pflanze mitgegangen. In Anbetracht der Tatsache, daß so etwas beim Menschen schwerer ist, als bei der Pflanze, ist das immerhin als ein Erfolg der Alchimie zu buchen.

Aber kehren wir zur Chemie und ihrem Thema zurück. Da sie eine Wissenschaft zweiten Grades ist, also keine mikrokosmische Tendenz hat, kann sie jeder ausüben, der einen pfiffigen Kopf besitzt. Sie stürzte sich auf die Medizin und zwar besonders auf die *Heilkräuter*. Über diese hat Paracelsus die tiefsten Dinge gesagt. Wir ahnen heute nicht mehr, was für Mächte da auf der Wiese, im Sumpf und auf den Felsen stehen. Der Standpunkt des Chemikers ist hier einfach der: nicht die ganze Pflanze ist es, die heilt und wirkt, sondern nur ein *Eliminat*, das in ihr steckt, und das man aus ihr herausbringen und (das ist der Triumpf) »synthetisch« herstellen kann. Also nicht der Thee, sondern das »Thëin«, nicht der Kaffee, sondern das »Coffëin«, nicht der Mohn, sondern die Opiate. Der Chemiker betrachtet die ganze Pflanze gewissermaßen als eine völlig gleichgiltige Umhüllung der Eliminate, eigentlich eine unnütze, aber gewiß schöngeistige Spielerei Gottes. Durch bestimmte chemische Prozeduren, die gänzlich hemmungslos angewandt werden, wird den Pflanzen dieses Eliminat entzogen, bis schließlich ein weißes Pülverchen auf dem Tisch liegt. Die Alchimie nannte die chemischen Prozesse das »Kochen« und schränkte – in ihrer Blütezeit – ihren Gebrauch von vorne herein dadurch ein, daß sie es definierte als das »was der Sommer mit den Früchten tut«. »Zeitigung der Früchte ist natürliche Kochung«, sagt Paracelsus. Aus diesen weißen Pülverchen entstehen nun die Pillen, deren sich das öffentliche Gewerbe bemächtigt, und nun beginnt der große Hexensabbath der Heilmittelindustrie. Mit Heilen hat das alles natürlich garnichts zu tun. So wie jeder Gärtner weiß, daß *dieser* Apfel an diesem Tage gepflückt werden muß, sonst schmeckt er sauer, oder wird mehlig, so kannte die alte Heilkunde die *Stunde,* das heißt das Zeitelement der lebendigen Heilkräuter. Sie ist am Gestirnstande ablesbar, vorausgesetzt daß man wirklich weiß, was die *Natur* der einzelnen Pflanzen ist. Es kommt nicht darauf an, die heilende Kraft der Pflanze einfach hinzunehmen; sie ist nicht immer da, wie die Schwere, sondern sie muß »dirigiert« werden. Wurde sie nicht zur rechten Stunde gepflückt und eingenommen, so geht sie wirkungslos »durch den Arß« (Paracelsus). Im Buche Paragranum stehen hierüber die wundervollen Worte: »Dann merken hierinn / was ist / das die Artzney die du gibst für die Mutter den Frauen / so dirs *Venus* nit dahin leitet? Was wer die Artzney zum Hirn / so dirs *Luna* nit dahin fürete? Und also mit den andern: Sie blieben all im Magen / und giengen durch die Intestinen wider auß / und blieben ohn wirckung. Dann hierauß entspringt die Ursach / so dir der Himmel ungünstig ist / und will dein Artzney nit leyten / dz du nichts außrichtest: Der Himmel muß dirs leytten.« In dieser und anderer Art steht das »chemisch Reine« dem Veredelten und Gekochten der Alchimie gegenüber. So ist der Medizin des Hippokrates ein ganzes Reich zerstört worden, das heute erst wieder neu muß erobert werden, denn es ist kein Zweifel, daß sich die Medizin der heutigen Tage — wie alles — in einer schweren Krisis befindet. Der Glaube an die akademische Medizin nimmt immer mehr ab, und das dunkle Gefühl dafür, daß die alte Alchimie, und alle anderen Wissenschaften ersten Grades im Rechte sind, nimmt entsprechend zu. Unter den Ärzten werden es die *Naturärzte* sein, die die Aufgabe haben, die verloren gehende Kraft der Medizin zu restituieren.

Unter einem Naturarzt verstehe ich einen solchen, der die widernatürliche Verbindung der Medizin mit der Naturwissenschaft löst und die alte mit der Religion wieder herstellt. So wenig, wie schlecht Wasser die Taufe macht, so wenig macht das äußere Gebahren den Naturarzt. Es kann jemand den ganzen Tag barfuß laufen und nur rohe Pilze verordnen, und er ist doch ein grober Materialist in seinem Denken (die meisten von dieser Sorte sind es); und es kann jemand streng fachwissenschaftlich schreiben, ängstlich bemüht, die Pforten der Kaste vor den Laien zu verschließen, und er ist doch ein echter Naturarzt und Nachkomme des Paracelsus. Religion und Aufdringlichkeit schließen sich aus. Hier verdient die Medizin des ehrwürdigen Pastors *Felke* der Erwähnung; sie ist durchdrungen von echter Frömmigkeit und besitzt zugleich eine strenge Wissenschaft und überreiche *selbstgemachte* Erfahrung. Felke versteht etwas von der Restitution des alten Bündnisses. Ihm als Typus gegenüber und doch durchaus verbunden steht *Wilhelm Heinrich Schüßler* (gest. 1898). Er ist fachwissenschaftlich gebildeter Mediziner und approbierter Arzt. Daher lebt er in der Gedankenwelt des 19. Jahrhunderts, denkt chemisch, aber er ist mit seiner *Mineralsalztherapie* (Biochemie) durch und durch Naturarzt. Er weiß nämlich nicht, daß der Hintergrund seines Denkens religiös ist; es ist eine sehr ehrwürdige Form von Religion, die nichts von sich selber ahnt und nichts verkündet. Reden wir nicht in seiner Sprache, sondern übersetzen wir sein Werk in den Urmythos (schon, daß man das *kann* zeugt von seinem Genie) so lautet es: Der Mensch ist aus *Erde* geschaffen und wird zu Erde. Es ist gemischte Erde und nicht einfache. Wenn die Mischung ins Wanken gerät, also sündig wird, so entsteht Krankheit. Alle Krankheiten sind falsch gemischte Schöpfungserde. Alle Krankheiten können geheilt werden, indem der Arzt durch Hinzugabe des Fehlenden das Gleichgewicht wieder herstellt. – Schüßler findet nun an Stelle der Urerde deren qualitative Repräsentanten in den Mineralsalzen, die er chemisch bestimmt. Es sind elf. In seinem Alter wird er sich unschlüssig darüber, ob es nicht ein zwölftes gibt, das den mineralischen Bau des Körpers vollendet; er entscheidet aber dagegen. Manche seiner Schüler entscheiden dafür. Daß in der Heilsordnung Schwankungen darüber vorkommen, ob es elf oder zwölf sind, das hat man wohl schon an anderer Stelle erfahren; die Frage bleibt bekanntlich offen. – Der geniale Griff Schüßlers ergibt in seiner tiefsten Auswirkung eine überaus reine und hochstrebende Medizin, die im Vergleich zu der meist völlig ratlosen allopathisch-toxischen die erstaunlichsten Erfolge zeitigt. Aber diese Erfolge sind nur gesichert in der Hand von Ärzten, die zugleich hochgebildet sind und jenen ureignen Anschluß an die Natur in ihrer Person besitzen, der es ihnen erlaubt, den ganzen Menschen zu überblicken. Das »Dirigieren« der Salze wird eben vom Himmel geschenkt und läßt sich nicht in feste Dosierungen pro Krankheit niederlegen. Was zu geschehen hat, damit die Krankheit schwinde, das kann nur in jedem einzelnen Falle der Arzt entscheiden, der von Gottes Gnaden Arzt ist.

Es ist eine auffallende Erscheinung, die nur das bestätigt, was Paracelsus über die Heilkräuter denkt, daß die Anwendung hemmungsloser Chemie auf den lebendigen Pflanzenkörper – gar noch die »synthetische« Herstellung – die verborgenen

Heilwirkungen auf ein anderes Gebiet verschiebt. Blättert man heute in einer modernen Pharmakopoe, so fällt auf, daß die behandelten Präparate immer weniger den direkten Heilzielen dienen, als vielmehr den Nebenzwecken der Desinfektion, Anaesthesie und verschiedenen Arten und Graden der Narkose. Auf diesem Gebiete muß aber dann auch gerechterweise ein Fortschritt gebucht werden, denn Erfindungen wie das Cocain und das Chloraethyl sind von so prachtvoller chemischer Sauberkeit und so wohltuender Wirkung, daß man sie nicht entbehren möchte. Nur darf man das Opfer nicht vergessen, das sie gekostet haben.

Der eben geschilderte historische Vorgang, den wir den Abfall des Hippokrates von der Priestermedizin nannten, ist kein einmaliger, sondern er spielt sich immer ab; in Hippokrates hat er sich nur am deutlichsten betont. Es ist genau so, wie mit dem ersten Buch Mose; dort steht »Am Anfang schuf Gott Himmel und Erde«. Wie, als ob dies an einem bestimmten Tage geschehen sei und vorher nicht, und nachher nicht wieder. Aber der Schöpfungsakt hält heute in gleicher Weise an, wie am »ersten Tag« und an jedem Kraut kann man sehen, was das Geschaffene ist und was das Schaffende. Wenn Gott Adam schuf und darauf Eva, und das Verbot erließ, und der Satan kam und das Paradies verloren ging: so ist es heute noch in gleicher Weise so. Die protologischen Geschehnisse halten an, und in uns ist Adam, in uns Eva, in uns Satan und der Sündenfall und in uns geht das Paradies verloren; in uns ist Golgatha und die Auferstehung des Fleisches. Doch wenn man erzählt, so breitet man in der Zeit aus; das kann man nur im Mythos, und dieser lautet für *diese* Dinge so, wie er in der Genesis steht. – In gleicher Weise verhält es sich mit der Entstehung der Medizin aus der Priesterschaft. Alle Wissenschaft war »vorher« priesterlich und ist abgefallen. Legt man aber zu jeder beliebigen Zeit der menschlichen Geschichte ein Diagramm, so wird aus allem Historischen Gegenwärtiges. Auch in dieser Zeit streiten sich die Abkömmlinge des Hippokrates mit den Priestern auf großen und kleinen Kriegsschauplätzen. Die Priestermedizin erscheint in allerhand kleinen Zügen als Sektierertum, in den Schäferärzten, Wunderdoktoren, und diese versuchten einen Guerillakrieg gegen die geschlossene Kaste der Ärzte. Das sind alles verkümmerte Abarten des Priestertums und meistens reagieren auch nur die verkümmerten Exemplare der Ärzte darauf. Es gibt aber auch *verkappte Formen* der Priestermedizin, die es in der Mimikry sogar soweit gebracht haben, daß sie im hippokratëischen Gewande auftreten.

Der Priester, wie er in der Geschichte erscheint, ist ja nur eine bestimmte Abwandlung eines allgemeinen genus, das man ganz ohne Pathos als den homo religiosus bezeichnet. Der homo religiosus ist nicht etwa jemand, der edle Gefühle über Gott hat und sie gar noch ausspricht, sondern jemand, der dem Wissen und der Kraft nach über Verbindungen verfügt, die andern Menschen fehlen. Daher sind ihm bestimmte Aufgaben von der Natur zugeteilt, die er erfüllt, ohne das Geringste davon verlauten zu lassen, die aber ganz gewiß kein anderer erfüllen, ja auch nur begreifen kann.

Wir werden im Folgenden finden, wie die Priestermedizin in einem Falle einen unzweideutigen voll entschiedenen Sieg über die Schule des Hippokrates davonträgt.

Zweites Kapitel

DIE NEUROSE ALS HEILIGE KRANKHEIT

Man hat es dem Hippokrates verübelt, daß er in einer seiner Schriften die Bemerkung gemacht hat, man solle erkennen, »ob etwas Göttliches in den Krankheiten stecke«. Denn diese Stelle stünde, so sagte man, in offenbarem Widerspruch zu jener Bemerkung, *alle* Krankheiten stammten von den Göttern. Der Widerspruch klärt sich aber auf, wenn man weiß, daß die Griechen die *hysterischen* Phänomene »heilige Krankheit« nannten. Jener Satz in der hippokratëischen Schrift will also nichts weiter sagen als dies: sehet Euch bei Euren Diagnosen vor, daß Ihr die organischen und die hysterischen Veränderungen des normalen Zustandes nicht miteinander verwechselt; ist die Veränderung hysterisch, so geht sie Euch nichts an, sondern dieser Fall gehört in die Asklepieien. – So urteilten noch in dieser Zeit die Ärzte bis vor etwa 30 Jahren. Hippokrates hat in seiner Medizin schon ausdrücklich zwei Standpunkte vertreten, nämlich Gleiches durch Gleiches und Entgegengesetztes durch das Entgegengesetzte zu heilen. Würde man also als das Hauptmerkmal der Neurosen die »Heiligkeit« ansehen, so folgte hieraus, daß die Medizin unter allen Umständen für diese Krankheiten unzuständig ist; denn sie heilt ja weder mit cultischen Mitteln noch hält sie schwarze Messen ab. Hippokrates hat die Heilung der Neurosen *außerhalb* seiner Medizin gesetzt.

So schwer die Autorität des Hippokrates und der Griechen wiegen, welche gemeinsam die Neurosen als heilige Krankheit bezeichnen: der Sache muß auf den Grund gegangen werden. Denn auch der Mörder, der sich selbst bezichtigt, bekommt das Schafott nicht umsonst, sondern er wird freigesprochen, wenn seine Beweisführung lückenhaft ist. So müßten auch die Neurosen, die in den Geruch der Heiligkeit gekommen sind, freigesprochen werden, wenn eine hierfür allein zuständige Disciplin zu dem Entscheid kommt, daß die Gerüchte unbegründet sind.

Um das klinische Bild zu gewinnen, greifen wir beliebig hinein in das reiche Material, das uns Gegenwart und Geschichte liefern, und finden zunächst bei Hippokrates selbst einen Fall, den er mit folgenden Worten beschreibt[1]: »Die Krankheit des Nikanor: Wenn er zum Trinken ging, befiel ihn eine Furcht vor der Flötenspielerin; denn sobald er den Ton des beginnenden Flötenspieles beim Trinkgelage hörte, befiel ihn ein Angstzustand; er behauptete, kaum bleiben zu können, sobald es Nachtzeit sei, während des Tages aber wurde er durch das Zuhören in keiner Weise betroffen. Dieser Zustand verfolgte ihn eine ganze Zeit lang. – Demokles, sein Gefährte, schien an einer Verminderung des Sehvermögens und allgemeiner Körpererschlaffung zu leiden; er wäre neben keinem Abgrund entlang gegangen, auch nicht auf einer Brücke, noch war er imstande, auch nur den seichtesten Graben zu durchschreiten, wohl aber konnte er im Graben selber gehen.«

Zu diesem antiken Fall von Neurose, der sich in unserer Zeit genau eben so abspielen könnte, fallen uns ohne weiteres eine ganze Reihe ähnlicher ein. Da ist Jemand Schiffsführer und kann das Rad nicht drehen, weil er von der Furcht befallen wird, die Spitze des Mastes mache sich los, fahre ihm in den Leib und explodiere dort. Ein Anderer kann nicht über die Straße gehen, obwohl er weiß, daß das ungefährlich ist, ein Dritter wird von ganz nichtigen Gedanken gequält, die zwangsmäßig auftreten. Wiederum muß da Jemand stehlen, obwohl er die Dinge nicht braucht und im übrigen ein anständiger Mensch ist, oder es ist Einer von so zarter Natur, daß er keiner Fliege ein Leid antun kann, aber bei jedem öffentlichen Anschlag der Staatsanwaltschaft, die einen Mör-

[1] Ich benutze die bei Eugen Diederichs, Jena, erschienene Teilausgabe des Hippokrates.

der sucht, überfällt ihn der Gedanke: du bist der Mörder! und er ist kaum davon zurückzuhalten, sich zu stellen. Ja Einige, die nicht minder empfindsam sind, haben die zwingende Neigung, Kinder zu quälen und zu morden, um aber, bei dem geringsten Versuch, es wirklich zu tun, schaudernd davor zurückzuschrecken. Ein Anderer wird plötzlich blind, und der Augenarzt stellt ein völlig gesundes Auge fest, oder es kann Einer den Arm nicht bewegen, aber der elektrische Strom beweist die Intaktheit der motorischen Nerven; oder es hat Jemand Magenschmerzen, und der Magen ist gesund, oder einer Frau steigt beim Betreten eines Ladens die Röte ins Gesicht, sodaß sie sich zurückziehen muß und schließlich nicht mehr wagt, das Haus zu verlassen. Ein Anderer erlebt Funktionsstörungen der Geschlechtsorgane, wenn er sie gebrauchen will; aber sie funktionieren, wenn er allein ist. Oder es sitzt ein kleiner buckliger Schuster in seinem dunklen Keller und starrt jahraus jahrein in die flimmernde Schusterkugel, ohne zu ahnen, wie gefährlich das werden kann; eines Tages nämlich wird er überfallen von einem schweren inneren Schlag, der sich ruckartig durch den ganzen Körper fortsetzt, sein häßliches Gesicht schneidet Grimassen, schlimmer als ein Pavian, bis plötzlich eine nieerfahrene Seligkeit über ihn kommt und er behauptet, das Geheimnis Gottes erraten zu haben (Jakob Böhme hieß der Mann, und sein Biograph behauptet, seine Augen hätten ausgesehen, wie die Fenster im Tempel Salomonis). Daneben ein anderer Schuster, dem dasselbe passiert, bei dem es aber bei der Grimasse bleibt; er ist seitdem nicht mehr an die Schusterkugel zu bringen, weil er von einer furchtbaren Angst befallen wird, und muß sein Gewerbe aufgeben.

Wenn Hippokrates die Neurosen als die Krankheiten bezeichnete, in denen »etwas Göttliches« stecke, so hat er das ernst gemeint, wenn er sich auch nicht darum kümmerte. Seine heutigen gelehrten Nachfahren citieren diesen Satz, nehmen ihn aber *nicht* ernst, und halten Hippokrates und die Griechen für abergläubisch. Das ist der Unterschied. Keinem modernen Mediziner wird es auch nur für eine Sekunde einfallen, anzunehmen, daß die Neurose etwas anderes sein könne, als die *rein subjektive* Abwandlung des normalen Gefühlslebens, deren Zurückführung nur gelingen könne, wenn man eben dieses normale Gefühlsleben als Maasstab annimmt und in der Heilungspraxis dem Kranken aufdrängt. – Nennen wir einmal diese Theorie der Neurose die *psychologische Theorie* und halten sie der *hieratischen* des Hippokrates und der Griechen entgegen. Die Klärung der Begriffe »psychologisch« und »hieratisch« wird sich in Bälde ergeben.

Wägen wir die beiden Parteien im Wettstreit um die Wahrheit an einander ab, so finden wir auf der einen Seite die Autorität der klassischen Kultur und die eines Mannes wie Hippokrates, der sie betont. Auf der andern die außerordentlich stoßkräftige, schlagfertige, plausible Naturforschung der modernen Zeit, die im letzten Jahrhundert (wie sie sagt) so ungeheure Erfolge gezeitigt hat. Wer nicht aus Prinzip altertümelt, weil er mit der Moderne nicht mitkann, wird zugeben, daß das vergangene Jahrhundert allerdings an Geistesschärfe und Klarheit kaum seinesgleichen hat, aber er muß auch daran denken, wie schnell manches leuchtende Gebäude der Wissenschaft zusammengebrochen ist. Es sind noch keine zwanzig Jahre her, da war die ganze gebildete Welt so durchaus und vollkommen davon überzeugt, daß die biblische Schöpfungsgeschichte »falsch« sei, und Darwin mit seiner leuchtenden Theorie im Recht, daß man sich garnicht vorstellen konnte, wie unsere Väter und Urväter so töricht sein konnten, so etwas zu glauben; sie waren doch sonst so vernünftige Leute. Unter dem »erdrückenden Tatsachenmaterial« wurde die Abstammung des Menschen und die ethischen Folgerungen daraus als so gänzlich gesichert hingestellt, das »neue Weltbild« als unvermeidbar siegend, daß man nur noch mit Mitleid auf die armseligen Reste christlicher Gläubigkeit zurücksah. – Und heute...? Die katholische Kirche hat nur ein paar nebensächliche Kleriker in den Kampf gegen die Naturwissenschaft geschickt, nur um zu sagen: wir sind da. Ein Kardinal hat sich sicherlich für die Affäre kaum interessiert, und die obersten Instanzen der Kirche (wozu nicht immer der Papst gehört) haben nicht mit der Wimper gezuckt. Gegen die Naturwissenschaft und ihr »Weltbild« ernsthaft zu kämpfen lohnt sich nicht. Aber ein Wort von Luther setzt Mitteleuropa in Brand. Ich kann es nicht entscheiden, ob der »Monistenbund« heute noch Tagungen abhält. Der volle Sieg des priesterlichen Standpunktes in dieser Angelegenheit – gestützt von der Philosophie – war jedenfalls ein so eindeutiger, daß er nicht gut überboten werden kann. Ich will hiermit freilich nicht sagen, daß die Erscheinung Charles Darwins nichts auf sich habe. Das Genie hat immer etwas auf sich. Es gibt aber Menschen, die etwas ganz anderes sagen wollten, als sie tatsächlich gesagt haben und dieses *andere*, was sich manchmal in überlesenen Stellen ihres Werkes verbirgt, kann allerdings die höchste und eigentlich erregende Bedeutung haben, vor welcher *dieses* (aber nur dieses) Priestertum zu zittern genötigt ist.

Die Erinnerung an die frühverblichnen Tage der Schöpfungs-Debatten und Religionsneugründungsversuche sei hier nur flüchtig angeregt, damit sie der allzu selbstsicheren und zukunftsfreudigen Psychologie als Menetekel gelte: für den Fall, daß es ebenso um sie geschehen sei.

Das Wort Psychologie hat im Laufe der Zeiten einen erheblichen Bedeutungswandel auf sich nehmen müssen, und noch heute stecken in ihm alle bisher möglich gewesenen Bedeutungen, obwohl eine von ihnen die sichtliche Vorherrschaft an sich gerissen hat. Es geht dem Worte Psychologie ähnlich, wie dem Wort-Paar »transcendental-transcendent« deren Begriffe – denkwürdigerweise! – sogar von ihrem hervorragendsten Gebraucher Kant miteinander verwechselt wurden.

»Transcendental« bedeutet nämlich einen erkenntnistheoretischen Begriff ohne jeden Beigeschmack von metaphysischem Überschwang, und »transcendent« bedeutet eben gerade das Überschwengliche und Überschreitende in der Erkenntnis selber. Kein philosophischer Seminarzögling darf diese beiden Begriffe miteinander verwechseln, denn sie sind so scharf geschieden, daß nur Wirrköpfe und Schwärmer sie durcheinander werfen. Der Fall Kant liegt natürlich anders; immerhin ist es ein Fall. Beim Worte Psychologie dagegen ist es heute beinahe unvermeidlich, daß zwei gänzlich verschiedene Bedeutungen dauernd durcheinandergeworfen werden, sodaß es fast unmöglich geworden ist, ein klares Bild herzustellen. Wenigstens geht das erfahrungsgemäß nicht in gesprächsweiser Gegenwart von Psychologen, unter besonderer Bevorzugung der Psychoanalytiker, und man muß, um zu dieser Klarheit zu gelangen, schon jene Gespräche halten, bei denen der Partner fehlt.

In dem anonymen Werke »Die Deutsche Renaisance« [1] nennt dessen Verfasser an einer Stelle einmal die Psychologie kurzerhand »die Lehre vom Unwichtigen«; wenn die Psychologie auch nur Unwichtiges *lehren* sollte, so ist doch damit keineswegs gesagt, daß sie selbst unwichtig *ist*. Ihr Auftreten ist immerhin für ein Zeitalter characteristisch und sie hat nicht nur große Volksmassen der Halbundhalbgebildeten, sondern auch bessere Geister erregt, und so etwas kann nur geschehen, wenn wenigstens Berührungspunkte mit wirklichen Wichtigkeiten vorliegen. Gehen wir also der Sache auf den Grund und sehen zu, welche Bedeutungswandlungen der Begriff Psychologie bisher erfahren hat.

Da finden wir sie zunächst als *Lehre von der Seele*, behandelnd ihre Herkunft, ihre Substanz und ihre Beziehung zum persönlichen Tode; hier klingt also auch die Frage nach der Seelenwanderung als ihr Inhalt an. Diese Bedeutung des

[1] Verlag Niels Kampmann, Celle 1925.

Wortes Psychologie ist heute im öffentlichen Bewußtsein beinahe ausgestorben (nur die Theosophie bemüht sich darum); ausgestorben nicht etwa deshalb, weil Immanuel Kant bewiesen hat, daß eine solche »rationale Psychologie« als Wissenschaft nicht auftreten könne, sondern weil sie keine experimentellen Resultate liefert, und weil die Öffentlichkeit nun einmal glaubt, daß es nur auf diesem Wege Wahrheit gibt. Natürlich liegt die Sache in Wirklichkeit anders. Kant hat bewiesen, daß die rationale Psychologie und überhaupt die Metaphysik »als Wissenschaft« nicht auftreten könne, weil ihr nämlich die innere Struktur dessen fehlt, was man allein mit Fug und Recht als exakte Naturforschung im heutigen Sinne bezeichnen kann: aber wer in aller Welt *verlangt* denn, daß solche Art von Wissen, wie die Lehre von der Seele, von Gott, von der Freiheit ausgerechnet grade »als Wissenschaft« auftreten soll, wo sie doch *als Ereignis* in der Verwaltung hierzu Berufener hin und wieder durchaus Gelegenheit hat, sich zu melden. Wer anders als die aufklärerische Unterschicht der öffentlichen Meinung, deren lebenserhaltende Grundansicht es ja sein muß, daß es in der Welt keine andere Macht gibt, als ihr schrankensetzender Verstand es zuläßt? Kant übernimmt mit seinem für alle Aufklärung (der theologischen und der naturwissenschaftlichen) in der Tat fürchterlichen Schlage die Rolle eines Hüters der Mysterien, denn Wissenschaften ersten Ranges sind nun einmal, und werden es immer bleiben »legitimes Gut« Einzelner. Diese Legitimität wird immer strenger und exklusiver je mehr die breite Öffentlichkeit fordert: Geist und Kultur dem Volke. Schrie in der französischen Revolution das Volk nach Brot: gut! *hier* besteht wenigstens Aussicht auf gerechte Verteilung; eine Revolution aber die nach »Geist« schreit, ist gänzlich unsinnig, und der Geist zieht sich bei jedem noch so fernen Drohen solcher Begehrungen schnell in die Behausung zurück, die ihm allein zugehört und aus der er nicht vertrieben werden kann.

Dieser vornehme und hieratische Begriff von Psychologie ist also heute so gut wie ausgestorben; bleibt nur der andere übrig, der nichts damit zu tun hat. Aber wie die Volksapostel, denen es vorübergehend glückt, alte Herrschaftsgefüge zu zerbrechen, nichts Eiligeres zu tun haben, als die Manieren der Entthronten nachzuahmen, so gut und so schlecht es eben gehen mag, so hat sich auch die Psychologie, die wirklich »als Wissenschaft auftreten« kann, vom Beginn ihres Siegeszuges an mit Einsichten gebrüstet, die, wäre auch nur eine Spur von Wahrheit daran, allerdings die sofortige Gründung einer neuen Religion zum Gefolge gehabt hätte. Die Psychologie behauptete nämlich, sie hätte »die Tiefen der Seele erforscht«. Wir werden bald erfahren, was es mit dieser »Tiefe« auf sich hat.

Diesen verfänglichen Weg nicht mitgemacht hat allerdings ein Zweig der Psychologie, der deshalb erwähnt werden muß, nämlich der, welcher sich mit der Funktion der Sinnesorgane beschäftigt. Diese Psychologie der objektiven Erfahrung blieb vom Anfang ihres Bestehens an bis jetzt in den Händen still arbeitender Gelehrter, und hat daher niemals Gelegenheit gehabt, so aufregende Behauptungen, wie die *analytische* Psychologie in die Welt zu setzen. Sie ist niemals populär geworden, hat keine großen Kreise geschlagen, denn schließlich war es von vorneherein keine sehr aufregende Sache, zu wissen, wie das Auge und wie das Ohr funktioniert. Ein Satz wie der Goethes, daß das Auge »sonnenhaft« sei – ein wahrhaft wissenschaftlicher Satz Ersten Ranges, der auch bei Paracelsus stehen könnte – drang niemals in die Experimentiersäle der akademischen Psychologie, und würde, wenn er etwa dort erschienen wäre, als hohe Dichtung ehrfurchtsvoll zurückgewiesen worden sein.

Also nicht dieser Art von Psychologie war eine Erregung der Gemüter und eine Anwartschaft auf Religionsgründung beschieden, sondern der anderen, der analytischen Psychologie der *subjektiven* Erfahrung, als deren Gründer *Sigmund Freud* bekannt ist. Wie weit der Gründer selbst an den Irreführungen beteiligt ist, die dieser Wissenschaft entsprangen, kann hier nicht erörtert werden. Bei einem bedeutenden Manne kann man nie feststellen, wie weit er sich und sein Werk ernst nimmt. Aber es kann nicht geleugnet werden, daß er die Irreführung duldete. Hätte er das nicht getan, so wäre seine wissenschaftliche Entdeckung, will sagen, seine Neurosenlehre, so unbekannt und exklusiv medizinisch geblieben, wie man sich das bei einer fachwissenschaftlichen Arbeit nur immer vorstellen kann. Die riesenhafte Popularität, wie sie noch nie bei einem medizinischen Gebiete erreicht wurde, verdankt die psychoanalytische Bewegung ihren Denkfehlern. Diese freilich sind so verborgen gelagert, daß zu ihrer Entlarvung höchste philosophische Kritik erforderlich ist. Und sie gehören auch nicht zu den dummen Fehlern (wie etwa die des Verfassers der berühmten »Welträtsel«), sondern sie erfordern geradezu neue philosophische Gedankengänge, um sie zu entdecken. Sicherlich war die ganze Bewegung nur *dazu* da.

Wir wollen den Umstand, daß Psychologie heute nicht mehr Lehre von der Seele ist und garnichts mehr mit jenem Gespräch zu tun hat, das Sokrates am Schluß des Phädon mit seinen Schülern hält, als eine vollzogene Tatsache hinnehmen. Wir geben damit zu, daß dieses Wort herabgekommen ist, finden uns damit ab: aber *nur* unter der Bedingung, daß nunmehr endgiltig Frieden ist und ganz und gar keine Grenzüberschreitungen mehr zugelassen werden. Die Wachtposten stehen da mit gefälltem Bajonett. Psychologie heißt heute nur noch die Wissenschaft von den Trübungen des Subjektes, des erkennenden und des handelnden. Sie ist die von Jedem leicht erlernbare Wissenschaft von den Trieben. Ihr Gegenstand ist nicht die Seele, sondern *das Psychische* in mir, das bewußte, wie das (wichtigere) unbewußte. Ich habe ein Psychisches, wie ich ein Physisches habe, beides ist bewußt und unbewußt, beides steht von *Mir* gleich weit entfernt, keines hat vor dem andern irgend einen Vorzug, es steht nicht »höher« als das andere, es ist auch nicht »tiefer«. Innerhalb des Gebietes dieser beiden – die Wachtposten sind treu! – gibt es nichts Heiliges und Verruchtes, nichts Hohes und Niederes, und nur in einem ganz bestimmten Sinne gibt es *Tiefenschichten.* Das Psychische ist ein von der modernen Wissenschaft neu geschaffener Begriff und zwar ein Hilfsbegriff. Wenn ich das Psychische eines Menschen untersuche, so tue ich so, als ob *Er selber* inzwischen nachhause gegangen sei und morgen wiederkommt, sich das Resultat zu holen, genau wie bei einer Urinanalyse. »Der Harn ist gerecht« sagt Paracelsus, und auch das Psychische ist gerecht. Aber nichts weiter als gerecht. *Heilung* indessen kommt niemals aus der Gerechtigkeit, aus keiner, weder des Tuns noch des Wissens; das ist der Inhalt der Religion. Und wahre Medizin sagt dasselbe, denn die Medizin und die Religion sind Geschwister. – Ist jemand krank, so zeigt sich das *immer* zugleich im Psychischen wie im Physischen, aber es »zeigt« sich nur dort; krank *ist* immer Man selbst. Hat jemand den Diabetes, so zeigt sich das am besten im Harn, hat jemand eine Neurose, so zeigt sich das am besten in den psychischen Komplexen. Beides kann man experimentell feststellen – jeder Beliebige kann es – *heilen* aber kann man weder vom Harn (denn er ist ein Regiertes und nicht selber der Herr –) noch vom Psychischen aus, denn das Psychische ist ein Regiertes. Das Psychische wird von jedem Neurotiker genau so verachtet, wie der Harn, denn der Kranke weiß, daß seine Krankheit eine fürstliche Majestät ist, die nichts mit den Dingen zu tun hat, die der Psychologe da aus ihm herausholt.

Genau so, wie jenes Psychische, das den Gegenstand der Psychologie abgibt, ein *Produkt* dieser Wissenschaft ist, ein Hilfsbegriff, so sind es auch alle seine Teile. Der berühmteste Teil ist die »Sexualität«. Es ist ganz richtig, daß man dieses

Wort gebildet hat; es ist künstlich und es soll auch so sein, denn die ganze Wissenschaft ist künstlich. Ein der »Sexualität« entsprechender Vorgang kommt in der Natur nicht vor, so wenig, wie die Lichtstrahlen, obwohl sie ein Jeder heute zu sehen meint. Das Ereignis, das hier angeredet ist, hat stets Hintergründe, von denen es begleitet wird so notwendig wie der Schatten den Körper begleitet, und diese geben ihm erst die eigentliche Wucht, durch die er berühmt geworden ist. Da mit diesen Hintergründen (dem Regierenden) die moderne Wissenschaft nichts anzufangen weiß (denn sie ist eine Wissenschaft *für Alle*), so entzieht sie dem Phänomen ein bestimmtes *Eliminat*, so wie die Chemie dem Mohn die Opiate, und arbeitet nun mit ihm. Das ist folgerichtig, exakt und bewundernswert. *Freud* hat hier das unzweifelhafte volle Primat über alle andern Psychologen. Es gibt Niemand, der ihm gleicht.

Fassen wir in der Eile das unmittelbare Forschungsergebnis der Freudschen Wissenschaft zusammen, so lautet es folgendermaßen:

1. *Trieblehre.* Die Sexualität ist nichts, was plötzlich ausbricht (das tut die Geschlechtskraft), sondern sie ist von der Geburt bis zum Tode des Menschen tätig und haftet dem Psychischen genau so an, wie die Gravitation dem Physischen. Qualität und Stärke wechseln mit den Jahren; vom Kinde zu behaupten, es sei »unsexuell« ist genau dasselbe, als wollte man von der Flaumfeder sagen, sie hätte keine Schwere. Ich kann (falls das nicht a priori gewiß wäre) das Gewicht der Flaumfeder genau so durch die Wage als bestehend feststellen, wie die Sexualität des Säuglings durch das Experiment. Dieses Experiment ist selbstverständlich geglückt. Man kann also sagen: *nur* der Sexualitätsbegriff Freuds ist richtig, genau so wie *nur* der Newtonische Begriff von der Schwere richtig ist.

2. *Neurosenlehre.* Unter allen Trieben, die sich im Psychischen befinden, hat die Sexualität, und *nur* sie, die Eigenschaft, durch eine Art Fluchtreflex sich aus dem Bewußtsein

zurückzuziehen. Diesen Reflex nennt Freud die *Verdrängung*. Alle anderen Triebe, wie Hunger, Durst, Wärmebedürfnis, gehen stets hemmungslos ins Bewußtsein ein und können sich frei abspielen. Die Sexualität dagegen erleidet das durchaus besondere und sehr merkwürdige Schicksal, daß sie durch eine Ablehnung von seiten des Bewußtseins (das gedanklich ausgedrückt etwa lauten würde: nein! so etwas tu ich nicht), ins Unbewußte verdrängt werden kann, sodaß sie von nun an gedanklich nicht mehr zur Verfügung steht. Man kann seinen Hunger vergessen, aber dieser wird dann nur ins *Vorbewußte* gedrängt, und zwar durch irgend einen anderen Gedanken, der ihn keineswegs verbietet. Er steht immer wieder als Hunger zur Verfügung. Die Sexualität dagegen, die durch die Verdrängung immer nur ihrer Bewußtseinsfähigkeit, nicht aber ihrer Triebmacht beraubt wird, steht *nicht* zur Verfügung und kehrt *nicht* als Sexualität zurück, sondern ihr ursprünglicher Lustcharacter bekommt ein negatives Vorzeichen und verwandelt sich in Unlust unter besonderer Bevorzugung der *Angst*. Angst ist verdrängte Sexualität. Diese nun hängt sich an die verschiedenartigsten, scheinbar sinnlosen Vorstellungen an, und so entsteht der neurotische Character. Da sich dieser Vorgang von der Kindheit an, das heißt in allen Entwicklungsphasen der Sexualität vollzieht, so wurzelt die Neurose psychisch schon in der Kindheit. Die Verdrängung ist also nicht Unterdrückung (obwohl sie dadurch verstärkt und bekräftigt werden kann), sondern vielmehr ein immanentes Nein, das selber unbewußt vor sich geht. Sie ist auch nicht an sich ein pathologischer Vorgang, sondern das Ja der Sexualität und das Nein der Verdrängung spielen sich bei jedem Menschen ab. Nur glückt sie bei dem einen dadurch, daß sich beide die richtige Wage halten und die Gefühle: Scham, Ekel, Scheu usw. erzeugen, während sie beim Neurotiker mißglückt und in dessen Character zwanghafte Hemmungen quälender Natur verlegt.

Diese Systematik der psychologischen Neurosentheorie wird man bei Freud selber nicht finden, auch bei keinem seiner Schüler. Das liegt daran, daß Freud ein typischer Gelegenheitsdenker ist, der sogar mit einer gewissen Betonung — fast Überbetonung — Wert darauf legt, »kein Philosoph« zu sein. Seine Darlegungen, die durch ihre einfache Sprache den Stempel der Echtheit tragen, und sich sympathisch von den meisten seiner Schüler unterscheiden, knüpfen gewöhnlich an irgend einen Fall an, der ihm gerade begegnet ist, und sind darum mehr erläuternd als dozierend. Da sie aber innerhalb des psychologischen Gebietes durchaus meisterhaft und vollkommen richtig sind, so müssen sie eine philosophische Systematik haben, ganz gleichgiltig, ob ihr Urheber der Philosophie geneigt ist oder nicht. Diese philosophische Systematik habe ich hier zu geben versucht; zum ersten Male erschien sie bereits umfangreicher vor sieben Jahren im ersten Bande der »Rolle der Erotik«[1]. Eine gewichtige Bereicherung des Themas findet sich in der kleinen Schrift von Artur Zelvenkamp »Der Judas wider sich selbst«[2] und zwar in einem dem Autor der »Rolle der Erotik« sonst feindlich gesinnten Kapitel. Ich verweise auf diese Schrift, da ich es nicht besser zu sagen vermag, als der unbekannte Gegner.

Ich muß mir hier nun die genaue Aufmerksamkeit meiner Leser erbitten. Ich habe in der Darstellung der Freudschen Theorie sub 1 genau festgestellt, daß der dort angewandte Begriff der »Sexualität« ein wissenschaftlicher Hilfsbegriff ist, der das Ereignis selber, also die Vorgänge: Geschlechtskraft, Liebe, nicht trifft. Er ist ein »*Eliminat*« und die gesamte moderne Naturwissenschaft arbeitet mit solchen Eliminaten. (Man vergleiche hierzu die Ausführungen in der »Deutschen Renaissance« in dem Kapitel über Aristoteles und Plato.) Auch die moderne Biologie benutzt ein solches Eliminat,

---

[1] Eugen Diederichs Verlag, Jena. [2] Verlag Weißer Ritter, Berlin.

wenn sie vom »Leben« spricht. Der Begriff der lebendigen Substanz, der Fundamentalbegriff der Biologie, ist eine wissenschaftliche Konstruktion, und zwar eine notwendige, denn ohne sie kann es keine Wissenschaft im modernen Sinne geben. Es ist »ersonnene Natur«, wie Goethe das nennen würde. Die Natur *selber* aber ist immer »natura«, das heißt gebärende Macht. Ins Innre der Natur dringt kein erschaffener Geist – wohl aber ein schaffender. Nun klingt beim Aussprechen des Wortes »Leben« stets dessen *andere* Bedeutung mit, wie wir sie aus der Religion kennen (ewiges Leben, lebendiger Gott usw.) und nur dadurch, daß das niemals auseinandergehalten wird, konnte es kommen, daß die moderne Biologie vorübergehend Religionskonkurrenz wurde. Sowie nämlich die Biologie zum Beispiel das Wort »Vollkommenheit« anwendet und behauptet, der Mensch sei »vollkommener« organisiert, als die Amöbe, er sei ein »höheres« Lebewesen, – hat sie schon heimlich den *religiösen* Begriff des Lebens angewandt (»darum sollt ihr vollkommen sein, wie euer Vater im Himmel vollkommen ist«). Dieser Begriff der Vollkommenheit stammt nicht aus dem Kampfe ums Dasein, wie der biologische. Für die Biologie ist die Amöbe genau so vollkommen wie der Mensch, denn sie besteht ihren Kampf ums Dasein ebenso gut, und ihre Organe sind ihren Bedürfnissen angepaßt, wie alles Lebendige (ganz abgesehen davon, daß wir diese Organe durch die mangelhafte Vergrößerungskraft unserer Mikroskope nicht genügend weit in ihrer biologischen Vollkommenheit beobachten können). *Nur* deshalb also, weil die Biologie in ihrer populären Abwandlung dauernd den biologischen (eliminathaften) und den religiösen Begriff vom Leben durcheinanderwirft, nur deshalb konnte es überhaupt geschehen, daß man durch sie den Inhalt der heiligen Schriften entkräften zu können glaubte, und *nur* deshalb wurde sie populär. An sich als reine Wissenschaft ist sie genau so Angelegenheit interner Gelehrtenkreise, wie die höhere Mathematik oder die antike Grammatik. Und jetzt auf die Psychologie zurückgewendet: *nur* deshalb, weil man vergaß (oder nicht merkte), daß der Sexualitätsbegriff der Freudschen Psychologie ein Eliminat ist, glaubte man, daß mit dieser Psychologie »seelische Tiefen« ergründet worden seien. Die *ganze* Psychologie hat aber überhaupt nichts mit Tiefe zu tun, wenn man den Begriff der Tiefe – und das können wir heute – philosophisch exakt nimmt. *Nur* weil man glaubt, daß die »Sexualität« der psychologischen Wissenschaft in Deckung sei mit Rauschphänomen und der milden Fruchtbarkeit, die sich in der menschlichen Natur in gleicher Weise finden: nur deshalb konnte man auf den Gedanken kommen, daß sich hier Tiefengeheimnisse der menschlichen Natur der beliebigen Allgemeinheit offenbaren, und somit ein neues Zeitalter der Aufklärung samt ihren Folgen heraufführen könnte. Nichts davon ist wahr, denn die Natur versteht es durchaus, ihre Geheimnisse zu wahren und sie nur denen zu zeigen, denen sie sie zeigen will. Der Denkfehler ist in der Psychologie genau so scharf nachweisbar wie in der Biologie und ihrer »Schöpfungsgeschichte«.

Ist also der Sexualitätsbegriff der analytischen Psychologie ein Eliminat, so folgt daraus, daß die verdrängte und als Neurose wiederkehrende es gleichfalls ist. Der Neurosenbegriff Freuds ist demnach ein Schematismus, und das muß so sein, denn alle Wissenschaft dieser Art (also zweiten Ranges) ist schematisch. Wenn man also hier in Bewunderung und gar Schwärmerei ausbricht, so kann das nur deshalb sein, weil es hier wieder einmal gelungen ist, ein Phänomen der Natur schematisch zu bannen, und das ist allerdings bewunderungswert. Nur von *Tiefe* kann gar keine Rede sein. Wie wir also – seit Cuvier – das *Schema* vordiluvialer Tiere aus einzelnen Knochen konstruieren können, ihnen selbst aber in ihrer Lebendigkeit nicht mehr begegnen, so kennen wir den Schematismus der Neurose; wer diesen für die Neurose selber hält, kommt, obwohl sie alles andere ist, als ausgestorben, leicht in die Lage, ihr nicht zu begegnen.

Beim Aufstellen solcher Schematismen gibt es übrigens stets Mitbewerber, die wiederum auf ihre Art dem Phänomen zu Leibe gehen. So ist der Neurosentheorie Freuds in der seines bedeutenden Schülers Alfred *Adler*[1] ein durchaus origineller Konkurrent erstanden. Ich gebe hier in der gleichen Kürze Adlers Theorie: Das Kind verspürt eine *Organminderwertigkeit* und fühlt sich zurückgesetzt, inferior; gegen dieses Gefühl legt es den *männlichen Protest* ein, der gedanklich ausgedrückt etwa folgenden Inhalt hat: ich bin garnicht minderwertig, im Gegenteil, ich bin sehr viel mehr wert als die Andern. Was mein Vater kann, das kann ich auch, zum Beispiel »meine Mutter heiraten«. Im späteren Leben: keine Frau kann mir widerstehen (Don Juan-Motiv). Der erste wirkliche Versuch *mißlingt,* Patient scheitert an der Außenwelt, die Neurose bricht aus als Schutz vor der Selbsterkenntnis. – Wir finden in der Theorie Adlers einen sehr wichtigen Gedanken, nämlich den, daß die »Sexualität« beim Neurotiker nicht echt sei, sondern nur »arrangiert«; er tut so, als ob. Das Dominierende ist sein Wille zur Macht, der aber nun einmal nur dem Mächtigen ziemt, und bei diesem auch nicht als Absicht auftritt. Wie, wenn das *ganze,* von der Wissenschaft als »Sexualität« angeredete Phänomen *arrangiert* wäre, das heißt geleitet von Mächten des Hintergrundes und der Tiefe, eben jenen Mächten, die allein dem menschlichen Dasein einen Sinn verleihen, die aber *niemals* Gegenstand irgend einer Wissenschaft zweiten Ranges, wie der Psychologie sein können ...?

Eine Theorie ist immer noch etwas anderes als ein Gesetz. Theorie heißt Sehgefilde, und diejenige ist besser, die die andere einschließt. Wir wollen uns hier nicht mit der Erwägung aufhalten, welche der beiden Neurosentheorien die bessere sei, wenn es nur dem Leser klar wird, daß beide nicht

[1] »Der nervöse Character«, Verlag Bergmann, Wiesbaden.

eine Theorie der Neurose sind, sondern eine Theorie ihres *psychischen Terrains.* Die Neurose spielt sich auf einer so (oder anders) *verwandelten* psychischen Schicht ab. Darum ist es auch verfänglich, vom »Ursprung der Neurose« zu reden und ihn in die Kindheit zu verlegen. Die infantilen Komplexe können die Neurose auffangen und festhalten: aber sie brauchen es nicht. Wenn sie sich aber festgefangen hat, so findet man ihre erste Spur in der Kindheit. Also nicht die infantile Sexualität, schlecht verdrängt, *produziert* die Neurose, sondern sie bereitet das psychische Terrain für sie, sodaß sie sich darauf niederlassen kann – wenn sie will. Es kann sich aber auch etwas *ganz Anderes* niederlassen – wenn es will. Von diesem Andern und von diesem Willen werden wir bald zu reden haben, denn es wird uns zwingend an der nächsten Wegecke begegnen und seine Rechte fordern. Dann werden wir auch erfahren, was es mit der »heiligen Krankheit« auf sich hat.

Es ist ein Lieblingsgedanke der psychoanalytischen Ärzteschaft, die Psychoanalyse als Methode zu einem *adäquaten* Heilmittel gegen die Neurosen zu machen. Ein adäquates Heilmittel ist ein solches, das *völlig sitzt,* das heißt, der Krankheit angemessen ist. Ein Vorbild hierfür sind die Sera. Hier ist es der klassischen Medizin gelungen, ein genau abgestimmtes Mittel zu ersinnen, das von jedem Arzte angewandt werden kann, und das tatsächlich imstande ist, die Krankheit, zu der es gehört, zum Ersticken zu bringen (ich lasse die wohlerwägbaren Einwendungen von naturärztlicher Seite hier außer acht, da es mir nur auf Klarlegung der Methode ankommt). In der historischen Sprache geredet: die Ärzte wollen die Therapie der Neurosen in die rein hippokrateische Medizin einbeziehen – im Gegensatz zu Hippokrates. Der Akt der Heilung soll also hier allein der wirksamen Methode anvertraut werden unter Ausschluß der *Person* des Arztes und seines *sonstigen Wissens.* Die bisherige Erfahrung hat nun gelehrt, daß zweifellos Neurotiker bei Anwendung der Psychoanalyse geheilt worden sind; diesen stehen aber auch Fälle gegenüber, bei denen trotz genauester und sorgsamster Analyse durch die geschultesten Methodiker kein Erfolg erzielt wurde. Von Schädigungen durch die Analyse, wie es viele ihrer Gegner tun, zu reden, ist nicht so ohne weiteres erlaubt. Das wäre nur in den Fällen statthaft, bei denen es sich nachweisen ließe, daß die Neurose selber sich verstärkt hat; gewöhnlich meint man aber unter Schädigung solche des Characters. Ein Urteil hierüber aber setzt das Wertungssystem des Behaupters voraus; es will ja ein Jeder »seinen Menschen«, der Katholik den katholischen, der Deutsche den deutschen Menschen und der Jude gewöhnlich sogar *den* Menschen. Von solchen jeweiligen Standpunkten aus läßt sich gegen die Analyse in der Tat einiges vorbringen; hier kann aber der Arzt, der als Angegriffner durchaus zur Rigorosität berechtigt ist, sagen: es geht mich nichts an, ob der Kranke als Katholik oder als Deutscher oder gar als Mensch geschädigt wird: die Hauptsache ist, daß er gesund wird. Aber es gibt eine bestimmte Kategorie ehemaliger Neurotiker, die hinterher — Psychoanalytiker geworden sind. Diese verwirren das Problem. Es ist fast unmöglich zu sagen, ob das ein geheilter Fall, ein ungeheilter oder eine Schädigung ist.

Indessen ist die Erfahrung niemals ein wirklicher Beweis, und der Anhänger der medizinischen Psychoanalyse kann natürlich zunächst einwenden, daß die Methode noch nicht genügend ausgebildet sei und zweifellos eines Tages einen Grad von Vollkommenheit erreichen werde, der die Psychoanalyse in der Tat zum adäquaten Heilmittel gegen die Neurosen stempelt. Nun sind ja allerdings solche Heilmittel, wie die Sera, gewöhnlich durch stille Gelehrtenarbeit in den Laboratorien entstanden unter strengem Ausschluß der Öffentlichkeit; das liegt nicht am Patentgesetz allein, sondern es gehört zur Sache. Die Psychoanalyse dagegen arbeitet in breitester Öffentlichkeit und ruft dauernd einen seltsamen Mitarbeiterstab von halbstudierten Schöngeistern auf. Das sieht wenig nach Vervollkommnung der Methode aus. Aber auch dieser Einwand ist nur ein Verdacht und kein Gegenbeweis. Die Richtigkeit des Satzes, den ich jetzt aufzustellen genötigt bin: alle Heilungen stammen aus einem Gebiet, das der *Art*, nicht aber dem Grade nach von dem verschieden ist, welches der Gegenstand der psychologischen Wissenschaft ist — die Richtigkeit dieses Satzes, sage ich, muß auf anderem Wege bewiesen werden.

Hier ist der Ort, das Problem der *Tiefe* zu erörtern, denn aus der Tiefe stammen die Heilungen. Es wurde bisher falsch behandelt, denn das Wort »tief« erfuhr noch immer eine schwankende und willkürliche Sinngebung. Die Philosophie kennt eine sichere und eindeutige, die die Form der Mathematik an sich trägt. Wenn jemand in der Erde gräbt, um Wasser, Kohle und Edelmetall zu suchen, oder um sein Wissen von der Schichtung der Erdrinde zu vermehren, so kann er von der Form der ganzen Erde eine Vorstellung haben, wie sie der antike Mensch besaß, nämlich die, daß die Erde eine Scheibe sei. Diese Vorstellung liegt ja auch am nächsten, denn die Erde *sieht so aus.* Wenn ich nun sage: der Grabende gerät *tief* in die Erde hinein, so heißt das mathematisch ausgedrückt: die Länge der negativen Senkrechten auf die Erdoberfläche nimmt zu. Denke ich mir in gewissen Abständen voneinander auf diese in die Tiefe gehenden Senkrechten wiederum Senkrechte nach beiden Seiten errichtet, also parallel zur Oberfläche, so habe ich Stollen in die jeweilige geologische Schicht getrieben und kann von hier das Terrain sondieren. In diesem Sinne »tief« also ist die Geologie und auch die analytische Psychologie, denn man wird zugeben, daß beide Wissenschaften in ihrer Methode eine große Ähnlichkeit haben. Die Tiefenschichte der Erde und die Tiefenschichten des Psychischen (der vorgeblichen Seele) haben dieselbe Art von historischer Abgeschlossenheit voneinander, Durchdringung und Lagerung; auch die Beziehung zur Oberfläche, also zum Bewußtsein, ist eine weitgehend ähnliche. Der Baum ist verwurzelt in der historisch gewordenen Ackerkrume und das menschliche Tun (und Leiden) ist verwurzelt in den verdrängten Triebregungen des Unbewußten. Will man also das alles als »tief« bezeichnen, so ist die Psychoanalyse tief, so und nicht anders. Also nur gemessen an der Oberfläche und der gradlienigen Entfernung von ihr. Nun wurde aber bekanntlich die Erde eines Tages »entdeckt«; ich sage »eines Tages« und meine damit nur den Tag, an dem das Erdgeheimnis eine mathematische Formel aus sich herauswarf. Diese mathematisch-physikalische Formel lautet: die Erde ist eine Kugel. In diesem Augenblicke verwandelt sich die negative Senkrechte auf die Oberfläche in den *Erdradius* und es entsteht eine gänzlich andere Betrachtungsweise. Es bleibt bestehen, daß die senkrechte Erdbohrung eine »Tiefe« hat, es bleibt bestehen, daß Schicht auf Schicht geologisch erforscht wird, aber es ist eine *neue Dimension* hinzugekommen, welche der Betrachtung über den Character der Erde und der Geschichte ihrer Oberfläche eine andere Richtung gibt. Von hier an wurde erkannt, daß jedes Stück Erde bestimmt wird durch die mathematischen Gesetze der Kugel, die rein geologischen bekommen einen neuen Exponenten, und die verschiedenen Schichten der Erde samt ihrer Oberfläche entlarven sich als »arrangiert« von den mathematisch-physikalischen Gesetzen der Kugel. Von der Kugel her muß man jetzt die Geologie verstehen.

Ich muß diesem Gedankengang, während ich ihn niederschreibe, bereits Halt gebieten. Zwar ist er nicht falsch, aber die Richtung, in die er zu laufen droht, kann verhängnisvoll für das Verständnis werden. Man muß nämlich durchaus – ich folge hier den Gedankengängen der »Deutschen Renaissance« – den Demonstrationsakt (actus demonstrandi) zu trennen verstehen vom Geburtsakt (actus nascendi) und begreifen, daß alles, was demonstrabel ist, am wirklichen Vorgang der Natur vorbeiläuft, wenn auch in einer bestimmten gesetzmäßigen Art. Die Erde hat nämlich Ihr Geheimnis (vorläufig das ihrer mathematischen Gestalt) in zwei Arten preisgegeben, in einer anschaulichen und in einer abstrakten. Die anschauliche Preisgabe, – in der Sprache der Religion geredet, die Offenbarung – geschieht an das Genie und ist legitim; die abstrakte dagegen ist Allen zugänglich, vorausgesetzt freilich, daß das Genie sie vorher fand. Das also, was an der Erdentdeckung Mathematik ist, kann immer nur die Expression, daß heißt das Herausgedrückte und damit das abgetane Destillat der wirklichen Entdeckung sein, die also das wichtigste Element *für sich behielt.* Die Erde ist, trotz ihrer mathematischen Ausmeßbarkeit, heute noch genau das gleiche Geheimnis wie vor 1000 Jahren. Nun können wir bei der Erde die wichtigste Phase ihrer Preisgabe genau feststellen; sie fiel um die Wende des Cinquecento, und der gewaltigste Spiegel dieses Vorganges ist das Gemüt Lionardo da Vincis. Dieser war, wie man weiß, exakter Mathematiker und Techniker, und stritt es immer mit Leidenschaft ab, daß er etwas mit dem damals herabgekommenen[1] Geheimwissenschaften der Astrologie und Alchimie gemein habe. Er kannte nicht nur die mathematische Gestalt der Erde genau, sondern auch ihre Stellung zur Sonne; Lionardo hatte das gesamte System des Kopernikus bereits im Kopf. Aber: er weiß, daß die Erde ein *lebendiges Wesen* ist. »Wenn der Mensch in sich Knochen hat, Stützen und Armatur des Fleisches, – die Welt hat das Gestein, Stützen der Erde; wenn der Mensch in sich den See des Blutes hat, wo die Lunge im Atmen wächst und abnimmt, der Körper der Erde hat sein ozeanisches Meer, das, auch dieses, wächst und abnimmt, alle sechs Stunden, beim Atmen der Welt[2].« Lionardo spricht hier nicht »in Bil-

[1] heute noch fataler heraufkommenden. [2] Zitiert nach dem vortrefflichen Manuskriptabdruck, der im Verlag Eugen Diederichs, Jena, erschienen ist und von Marie Herzfeld besorgt wurde.

dern«, sondern er meint die Sache selbst. Daß er so von der Erde sprechen konnte, kam daher, daß diese sich selbst ihm in anschaulicher Weise aussprach und ihn langsam in ihr durchaus unergründliches Geheimnis einlud. Lionardo war den Erdkräften selber ausgesetzt, wobei man unter Erdkräften freilich nicht die physikalischen zu verstehen hat.

Das Ereignis der Erdentdeckung schuf damals zwei gänzlich getrennte Menschentypen, die in der Geschichte eine Rolle spielten, und zwar war der eine abhängig von dem herausgestellten (exoterischen) Teil: Mathematik, Astronomie, Physik, Nautik, Erobererturn und Merkantilität; ihre markanten Vertreter hießen: Toscanelli, Magelhañes, Columbus, Cortez, Amerigo Vespucci. Der Andere war Lionardo. Dieser beherrschte das Thema seiner Partner vollkommen, ja er wußte manches besser, und Kolumbus glaubte zum Beispiel, daß die Gestalt der Erde birnförmig sei. Dem ersten Flugtechniker und Unterseeboot-Erbauer ist die Tat des Kolumbus durchaus zuzutrauen; dem eigenhändigen Sezierer von 12 menschlichen Leichnamen und vorbildlichen Zeichner anatomischer Tafeln, konnte die Zeichnung der Erdkarte durch Toscanelli keine Schwierigkeiten machen. Er hat aber das alles halb angefangen liegen lassen, weil ihn ein dunkles Gefühl an die relative Unwichtigkeit all dieser mondänen Dinge mahnte. Magelhañes, Kolumbus, Cortez waren die Urheber jenes großen Werkes der rücksichtslosen Ausplünderung der Erdkugel; sie waren die Urväter des heutigen ungehemmten Merkantilismus. Mag die ganze Art, die durch diesen Plünderungswillen entstanden ist, sich immerhin wegen eines mißverstandenen Unendlichkeitsdranges »faustisch« nennen: es bleibt dabei, daß sie die gottverlassenste Rasse war, die je gelebt hat, und die bald ihr unrühmliches Ende finden muß. So wie Lionardo die Pläne für seine Unterseeboote nicht hat veröffentlichen wollen, weil eine zügellose Menschheit dabei leicht auf den Gedanken kommen könnte, die Schiffe von unten her zu versenken, so hat er sich trotz seines regen Interesses für Kolumbus und sein Unternehmen doch im Grunde dieser Art der Verwendung der Erderkenntnis nicht angeschlossen. Er war gewarnt. Die Erde nämlich hatte ihn heimlich verwandelt; während all seine Zeitgenossen auf die geschaffenen Werke (opera operata) hereinfielen, der große Buonarotti nicht ausgenommen, horchte Lionardo immer mehr auf den Schöpfungsakt selber, der sich *sola fide* zugleich an ihm erprobte. Es muß ihm etwas begegnet sein, was nach den Evangelien am Leibe Christi sich vollzog und was Johannes die »metamorphosis«, Luther die »Verklärung« nennt. Er hat die Kugelgestalt der Erde begriffen: aber sein rein gebliebener Geist hat nicht vergessen, daß die Erde ein lebendiges Wesen ist.

Hier sind wir an der Stelle angelangt, an der wir dieses Kapitel beschließen können. Die Erde ist nicht eine Scheibe, sondern eine Kugel. Zum Begriff der Erde bedarf es also einer Dimension mehr, als man vor ihrer Entdeckung ahnte. Die geologischen Formationen der Erde stehen unter dem heimlichen Gesetz der Kugel, nicht unter dem offenbaren der Fläche; die sind von der Kugel »arrangiert«. Aber die Kugel als mathematisches Gebilde ist nicht selber das Lagernde und Schaffende; der Geologe kann konstatieren, was geschehen ist: *gerecht* aber wird man der Erde nur, wenn man zu ihren legitimen Söhnen gehört und weiß, daß die Erde ein lebendes Wesen ist. Dieses Wort auszusprechen ist leicht, nachzusprechen noch leichter, ihm gewachsen zu sein, ist Sache der Substanz. – Man setze jetzt an Stelle der geologischen Formationen das *menschliche Tun und Leiden*, das gesunde und das kranke: so steht alle Psychologie auf der Seite der Fläche, und die vorgeblich entdeckten »Tiefenschichten« der Seele sind lediglich geologische Lagerungen. Psychologisch tief ist niemals wirklich tief; alle Psychologie behandelt ein Flächenphänomen. *Wenn* aber das menschliche Tun *tief* ist, so ist die Psychologie überhaupt keine Wissenschaft, die dem menschlichen Handeln gerecht wird; wer sich mit ihr ernsthaft einläßt, hört auf, den Menschen zu begreifen. Vielmehr bedarf es hierzu einer andern Disciplin, die als »Wissenschaft Ersten Ranges« in einer Ebne steht mit der alten Sternkunde und der Alchimie, sowie der priesterlichen Medizin. Zur Ausübung dieser Wissenschaft, die ihrem *Wesen* nach immer zugleich ein *Tun* ist, sind Menschen notwendig, die wenigstens vom Fleisch und Blut, wenn auch nicht vom Range der Lionardo und Paracelsus sind.

Wenn aber eine Krankheit »heilig« genannt wurde, so geschah das deswegen, weil sie etwas mit dem *menschlichen Handeln* zu tun hat (Tun und Leiden) und weil das menschliche Handeln *tief* ist und *nicht* psychologisch. Das menschliche Handeln hat eine Dimension mehr als die Psychologie, will sagen, an ihm ist der Kosmos beteiligt.

Drittes Kapitel

METAPHYSIK UND ETHIK

Die dem menschlichen Handeln adäquate Wissenschaft trägt den Namen Metaphysik und Ethik. Aber wenn man diesen Namen ausspricht, so ist es nötig, dabei an die Anfangsworte des Tao te king zu erinnern:

Der Name nennbar ist nicht ewiger Name
Der Sinn ersonnen ist nicht ewiger Sinn.

»Metaphysik und Ethik« ist das blaßgewordene europäische Etikette für den Inhalt der Wissenschaft, die es bezeichnet; es ist ein akademischer Ausdruck. Der Laie, welcher eines der unzähligen Bücher der deutschen akademischen Philosophie liest, findet diese beiden Worte meist miteinander verbunden, ohne den wahren Grund dafür einzusehen. Denn unter »Metaphysik« stellt er sich immer vor die Lehre von dem, was hinter der Natur liegt, und unter »Ethik« die Beziehungen des Menschen zum andern Menschen; also zwei gänzlich bezuglose Dinge. Es ist aber nun einmal so, daß die größten Denker aller Zeiten von jeher den inneren Gehalt der Natur und den Kern des menschlichen Handelns als zusammengehörig begriffen haben und jeder in seiner Art dafür einen philosophischen Ausdruck versuchte. Es ist richtig, was Schopenhauer einmal bemerkt, daß, wer Metaphysik und Ethik nicht miteinander verbindet, damit zeigt, daß er überhaupt keine philosophische Begabung besitzt. Als Gegenbeispiel dafür verweist er auf sich selbst, auf Plato und Kant; außerdem hat er sämtliche großen Religionen auf seiner Seite, sogar das Chassidische Judentum. Es ist nun zu beachten, daß, wenn ein großer Geist (und nur ein großer Geist sieht diesen Zusammenhang) von diesem Verhältnis in einem Buche spricht, er bereits eine Übertretung begeht. Erkenntnis kann man nur symbolisch niederlegen, wie den Kranz auf ein Grab.

Es ist eine Eigentümlichkeit des deutschen philosophischen Geistes, hartnäckig auf dem niedergeschriebenen Wort zu bestehen; so finden wir auch die größten Geister am Ende ihres Lebens festgefahren und aufgelaufen wie ein betangtes Wrack. So sehr die deutschen Denker es auch verstanden haben, die in Buchstaben gefaßte Sprache an die Sterne zu heben: es fehlt diesem biederen Geschlecht offenbar jede Begabung, von ihrer eingefleischten Ernsthaftigkeit zu lassen. Um nicht mißverstanden zu werden: es hat natürlich niemals ein geringerer Geist das Recht, jenen tatsächlich bestehenden ungeheuren Ernst der deutschen Philosophie zu bewitzeln; die Frechheiten, die man sich gegen Kant erlaubt hat, sind durchaus unangebracht. Nur *sie selber* hätten sie begehen dürfen. Denn dann hätte die Würde ihrer Philosophie einen Widerpart aus dem Versteck herausgelockt, der humorhaft ist, aber *von gleichem Rang* wie die Würde. Über diesen Humor kann niemand lachen, der nicht dazugehört.

Zu einem solchen Unternehmen hat sich die deutsche Philosophie bisher als unfähig erwiesen, und daher kommt es auch, daß sie ihre Existenz im allgemeinen in Gelehrtenkreisen fristet, aber eine natürliche Scheu hat, in die lebendigen Organe einzugehen. Die griechische Philosophie war hierin anders gesonnen. Plato hat es am meisten verstanden, seinem Denken die nötigen Hemmnisse in den Weg zu legen, weshalb ihn auch heute niemand versteht, der ihn »ernst« nimmt. Das Platonische Gelächter ist noch nicht recht vernommen worden; es scheint sich mit ihm so zu verhalten, wie mit jenen berühmten Witzen Korffs, des Helden von Christian Morgenstern, die bekanntlich so gebaut waren, daß man sie beim Anhören nicht als Witze erkannte, sondern erst drei Stunden später, mitten im Schlaf, erwachte man von dem Gelächter, das man ihnen bisher schuldig geblieben war. Plato konnte garnicht stranden; er war über das Wesen des Wortes unterrichtet und gewarnt. Er wußte, was er tat, wenn er Gedanken niederschrieb. »Daher wird kein Vernünftiger wagen,« so schreibt er in einem Briefe an die Freunde des Dion, »das von ihm mit dem Geist Erfaßte diesen unzulänglichen sprachlichen Mitteln anzuvertrauen, und noch dazu, wenn dieselben ein für allemal festgelegt sind, wie es bei dem in Buchstaben Niedergeschriebenen der Fall ist.« Daß Plato außerdem seine eigenen Werke verleugnet hat, darf ich seit dem Erscheinen der »Deutschen Renaissance« als bekannt voraussetzen. Hoc signum leonis.

Das also, was auf den Akademien als die Philosophie aller Zeiten gelehrt wird, ist immer der *actus demonstrandi,* der stets mißglückt ist. Wer nicht weiß, daß seine Werke mißglückt sind, der — soll ruhig weiter schreiben. Wie Lionardo das Erdgeheimnis zurückbehielt bei sich selbst, so behielt Plato das Geheimnis von Metaphysik und Ethik zurück; er hatte damit das bessere Teil erwählt. Wo so etwas aber geschieht, da erreicht Philosophie ihren höchsten Stand und ihre Fruchtbarkeit. Sie kann sich, wenn ihr Träger will, in Heilkunde verwandeln.

Wir wollen versuchen, den bisher etikettenhaften Ausdruck »Metaphysik und Ethik« immer mehr seines mageren Äußeren zu entkleiden und in das Wesen dessen eindringen, was er vorstellt. Ich hoffe dabei, bis dicht vor jene Stelle zu kommen, wo mit der Sprache nicht mehr zu spaßen ist. Zunächst ist der Ausdruck »Metaphysik und Ethik« das, was die alexandrinischen Philologen einen Hendiadioin nennen. Er ist so gebaut, wie der Ausdruck »Grund und Boden«, »Kind und Kegel«, »Wachen und Beten«. Es sind zwei Ausdrücke für eine und dieselbe Sache. So wenig, wie man also sagen kann: »ich kaufe Ihnen den Grund ab, den Boden können Sie behalten«, so wenig kann man sagen: »wir wollen eine Ethik ohne Metaphysik«.

Nun ist es eine von Kant bewiesene Tatsache, daß Metaphysik und Ethik nicht als Wissenschaften auftreten können;

wobei sich dieser Satz auf die *Inhalte*, das *Was*, bezieht, nicht auf die Form (das *Wie*). Wissenschaft aber heißt, das, was das 19. Jahrhundert unter Naturwissenschaft verstand; diese Wissenschaft muß allgemein giltig sein und von allen verstanden und ausgeübt werden können, das ist ihr unablegbares Kriterium. Als *solche* »Wissenschaft« also, das merken wir uns, kann Metaphysik und Ethik niemals auftreten, und zwar nicht einen einzigen kleinen Schritt. Bleibt nur die bittre Wahl: entweder, der *Gegenstand* von Metaphysik und Ethik existiert garnicht, sondern ist nur ein narrendes Phänomen unseres Subjektes — ist psychologisch — oder: sie haben eine *andre Art* des Auftretens, denn die, »als Wissenschaft«. Wären die Inhalte von Metaphysik und Ethik, das heißt, dasjenige, wofür diese beiden Worte der »genannte Name« sind, nicht vorhanden: so könnten wir weder die Taten der Heroen unterscheiden von den Taten der Krämer, noch wäre es uns möglich, uns über unser Dasein zu wundern. Dies beides tun wir aber, und beides zusammen als eines macht den Wert des Lebens aus. Also müssen die Inhalte von Metaphysik und Ethik auch auftreten können und zwar sowohl als Ereignisse (dann reden wir von »reinen Ereignissen« der Natur im Gegensatz zu den empirischen); da sie aber außerdem nicht etwa unbewußt sind, wie die körperlichen Funktionen, so muß es eine Wissensart geben, die ihnen adäquat ist. Dieses Wissen aber zeichnet sich dadurch aus, daß es nur *mit* dem Ereignisse da ist, niemals aber in seiner Abwesenheit. Wie die Wissenschaft vom Springen nur während des Sprunges da ist, so auch diese. Es ist ein Wissen *hic et nunc*, das ganz und gar an die Substanz gebunden ist; es kann also nur von den befugten Trägern gebraucht werden. Wir stoßen hier auf das im letzten Jahrhundert verloren gegangene Gut der Legitimität, das früher oder später seine alte Rolle in weltlichen und geistigen Dingen wieder aufnehmen wird.

Dies ist, philosophisch ausgedrückt, etwa die Formel für

das geheime Priesterwissen. »Geheim« heißt hier natürlich nicht, absichtliches Geheimhalten von fertigen Geschehnissen vor Anderen, sondern das Geheim gehört zum *Character* dieses Wissens, wie die Ausdehnung zum Character des Körpers. Der lateinische Ausdruck »occult« würde hier wohl angebracht sein, wenn er nicht einen so widerwärtigen modernen Lebenswandel führte; auch der griechische Ausdruck esoterisch hat bereits durch eine unangemessene Popularität viel von seinem Ansehen eingebüßt. – Alles priesterliche Wissen geht aber um den Heilsplan der Welt; es ist Heilswissen und damit Heilungswissen, *gratia medicinalis*. Da nun alle Krankheiten, von den Geschwüren bis zu den Neurosen Sonderfälle der Erbsünde sind, das heißt der allgemeinen Krankheit der Welt, so ist vom Ursprunge her gedacht der *homo religiosus* der legitim befugte Heiler der Krankheiten. Hier wären wir an der Stelle, an welcher diese Schrift ihren Anfang nahm, und der Leser könnte noch einmal beginnen beim »Abfall des Hippokrates von der Priestermedizin der Asklepiaden«. Die Neurosen sind ausgenommen.

Der weltliche – oft sehr feindliche – Bruder des Priesters ist der geniale Mensch, jedenfalls in seiner philosophischen Form; auch ihm steht ein legitimes Wissen zu. Er ist aber frei gewachsen, allen Stürmen der Welt ausgesetzt, und daher bedeutend gefährdeter. Wenn es ihm nicht gelingt, die strenge Ordenszucht, die der Priester durch seine uralte Tradition eo ipso bekommt, durch eine ebenso strenge Schulung seines Intellektes an den großen Geistern der Philosophie – die kleinen können hierzu auch nichts schaden – zu ersetzen, so ist er unrettbar der Schwärmerei und eitlen Selbstbespiegelung verfallen, die ihm dann rasch den Garaus machen. Wegen einer solchen inneren Gemeinsamkeit des substanziellen Wissens haben sich daher die größten Geister gern im Geheimen mit der Priesterschaft in Verkehr eingelassen; man denke an die Besuche Platons in Ägypten. Ja es ist oft zu Übertritten und völligem Aufgehen in die Mysterien gekommen. Es läßt sich kaum etwas Ernsthaftes dagegen sagen, jedenfalls nicht vom Gedanken her, denn wenn man die erdrückende geistige Übermacht der katholischen Kirche, die sich im Alleinbesitz des priesterlichen Geheimwissens befindet, in Betracht zieht, so wäre es fast selbstverständlich, daß ein ebenbürtiger Geist sich ihr zur Verfügung stellt. Indessen ist das in Norddeutschland nun einmal nicht der Brauch, und dabei wird es sein Bewenden haben. Die Dinge sind nicht die stärksten, die man begründen kann. Seit Luther haben wir dafür die Formel: »Hier stehe ich. Ich kann nicht anders.«

Unter den Augen einer Öffentlichkeit, die von dem Gedanken lebt, daß *allen* Menschen, je nach dem Grade ihrer Begabung, die Wissenschaften jeder Art und jeden Ranges zugänglich gemacht werden sollen, vollzieht sich ein entgegenlaufender Prozeß, der allein vom Wirklichen stammt: die von der Natur Berufenen, legitim Wissenden werden in einer langsamen und dringenden Weise angereichert; den Habenden wird gegeben und denen, die nicht haben, wird auch noch genommen, was sie haben. Es ist also genau umgekehrt, wie der demokratische Wunschkomplex es sich denkt. Das mit Wissenschaften zweiten Ranges angefüllte Volk wird immer unwissender und kann auf die Dauer die Überladung mit unwichtigen und orientierungslosen Wissenskomplexen (Astronomie, Naturwissenschaft, Psychologie, Soziologie) nicht ertragen; es bricht früher oder später zusammen, die alte Lehre von der Entscheidungslosigkeit des Volkes bestätigend. Auf der andern Seite läßt sich das Wissen vom Wirklichen nicht aufhalten und findet seine berufenen Träger, die von Natur unsozial und ohne Teilnahme an den Emporstrebungsgelüsten des Volkes nichts anderes tun, als das anvertraute Gut mit vestalischer Treue bewahren.

Es ist eine der bedeutendsten Einsichten, die uns die Psychologie verschafft hat, daß die geniale Zeugung und die Neurose *dieselbe psychologische Formel* haben. Es ist immer das Zeichen einer sehr reif gewordenen, aber auch beendeten Wissenschaft, wenn ihr so etwas gelingt. Auch die Chemie, deren Ähnlichkeit im inneren Bau mit der analytischen Psychologie unverkennbar ist, hat ja gezeigt, daß der schwarze Kohlenstoff und der Diamant dieselbe chemische Formel haben; aber sie *sind* doch nicht dasselbe. Im *Sein* des Diamanten liegt ein grundlegendes Kriterium für den Unterschied von der Kohle. Wie aber dies *Sein* ergreifen, da die Chemie die Formel dafür nicht bietet? Ebenso wenig bietet die Psychologie die Formel für das Sein der genialen Zeugung und der Neurose. Das heißt aber: alle mit ihr verwandten Handlungen der Tiefe des Menschen, aus welcher, wie wir bald sehen werden, allein die Heilung quillt, sind ihr notwendigerweise verborgen. Das Beispiel ist leicht zu finden. Man nehme irgend eine Krankengeschichte, etwa die des Senatspräsidenten Schreber, die *Freud* analysiert hat[1]; daneben halte man irgend eine der leider vielfach erschienenen Psychologien genialer Menschen: es ist genau die gleiche Sache. Die Gesetze der Psychologie stimmen unweigerlich. Beschreibe ich psychologisch das Leben Michelangelos und lasse nur weg, *von wem ich rede*, so ist diese Biographie in nichts unterschieden von der eines Neurotikers. Die kosmologischen Phantasien des Paranoikers Schreber haben psychologisch genau denselben Ursprung wie die Offenbarung Johannis: aber ihr Unterschied ist, daß das zweite eine Offenbarung ist, und das erste nicht. In den einen *ist* der Funke eingeschlagen, in den andern nicht. Wer kann dafür? Und wer urteilt, mit wem ich es zu tun habe, wenn ich so Jemandem begegne? Niemals der Psychologe, denn seine Wissenschaft hat nur das psychische Terrain zum Gegenstand, auf welchem sich die Neurose und die geniale Leistung gemeinsam abspielen. Hier führt kein Weg ins Freie.

Wir nähern uns aber allmählich der Einsicht des Satzes »alle

[1] Jahrbuch für psychoanalytische Forschung Jg. 1

menschlichen Handlungen sind tief«. Er soll nicht überschätzt werden, aber er soll uns auch die Gewißheit geben, womit wir es zu tun haben, wenn uns eine menschliche Handlung (Tun oder Nichttun, Aktion oder Passion) begegnet. Alle menschlichen Handlungen bestehen aus zwei gänzlich voneinander verschiedenen Elementen: aus den Trieben und der *Freiheit.* Die Triebe sind der Gegenstand der Psychologie, die Freiheit ist Gegenstand von Metaphysik und Ethik. Freiheit hat nicht das Geringste zu tun mit dem ganz zufällig gleichklingenden (homonymen) Wort, von dem alle Revolutionen und sonstige Bewegungen des niederen Volkes getragen sind. Die Revolutionen sind nicht etwa ein Mißbrauch des Wortes Freiheit, sondern sie haben überhaupt nichts mit ihr zu tun. Der wunderbare Ausdruck Freiheit wurde von *Kant* in die Philosophie eingeführt; vor ihm gebrauchte ihn im gleichen Range Luther, wenn er von der »Freiheit eines Christenmenschen« sprach. Der frivole Gebrauch des Wortes (liberté) ist illegitim und stammt von Menschen, deren eigner schlechter Character sie zu dieser Verwendung nötigte. Auf ihm beruhen die Gedankengänge des modernen Europäers und der Demokratie.

Wie alle organischen Substanzen bestehen aus den chemischen Stoffen und dem *Lebendigen*, so bestehen alle menschlichen Handlungen aus den Trieben (bewußten und unbewußten) und der *Freiheit.* (Es sei hierbei bemerkt, daß es natürlich noch andere dunkle Antriebe gibt, außer denen, die die Psychoanalyse, gruppiert um die Sexualität, bloßgelegt hat. Das Unbewußte der analytischen Psychologie ist nur ein Fach; der Mensch ist aber nicht nur nach der Tiefe zu, sondern sogar in der Breite großzügiger angelegt, als diese Wissenschaft ahnt.) So wenig ich nun das Eiweiß begreifen kann vom Anorganischen her, so wenig kann ich eine menschliche Handlung durch die Psychologie verstehen (oder gar »verzeihen«). Wenn das die Psychologen doch zu tun wähnen, so geschieht das einfach deshalb, weil sie, ohne es selbst zu wissen, metaphysisch-ethische Elementarbegriffe verwenden. Diese sehr ungeschulten Geister sind jeden Augenblick zu überrumpeln. Die zügellose Verwendung des Wortes »Ich« ist ein Beispiel dafür.

Nichts, was die Natur geschaffen hat, besteht aus der Summe seiner Teile. Diesen Satz muß man beachten, um der Lehre vom menschlichen Handeln nahe zu kommen. Ich kann durch die verschiedenen Wissenschaften zweiten Grades alle Dinge der Natur zerlegen, aber ich kann sie nicht zusammensetzen. An jedem Staubkorn ist der Schöpfungsakt beteiligt; *ich* kann kein Staubkorn machen. Alles, was wir machen können, ist künstlich und daher dem Wesen nach verschieden von allem, was die Natur geschaffen hat. So ähnlich auch die künstlichen Duftstoffe den natürlichen zu sein scheinen: es ist alles Schein und Betrug; sie haben nichts mit dem natürlichen Veilchen und der natürlichen Himbeere zu tun. Die »chemischen« Substanzen, die im Blütenkelch des gewachsenen Veilchens vorhanden sind, und die chemisch erzeugten sind durch eine Welt getrennt, und *auf diese Welt kommt* es an. So kann ich auch eine menschliche Handlung psychologisch zerlegen, aber ich kann keine schaffen. (Die Hypnose übernimmt hier gelegentlich die vortäuschende Rolle der Chemie.) Die in der psychoanalytischen Litteratur und den »psychologischen Romanen« beschriebenen menschlichen Handlungen sind ausnahmelos unecht, von keiner Wirklichkeit, haben nicht die geringste Bedeutung und sind von den natürlichen durch eine Welt getrennt. Auf diese Welt aber kommt es an. Wer einen psychologischen Entwicklungsroman liest und das für geistige Nahrung hält, tut dasselbe, wie jemand, der künstliches Fruchtwasser trinkt und dies für wohlschmeckend hält. Es sei denn natürlich, daß der Verfasser des Romanes zufällig ein Künstler wäre, womit aber kaum zu rechnen ist.

Wie niemandem, der es nicht schmeckt, durch eine Definition klarzumachen ist, was Eiweiß ist im Gegensatz zu den chemischen Substanzen, so ist es auch niemandem verständlich zu machen, was Freiheit ist, der nicht in ihr steht. Dennoch gibt es Definitionen, und vor allen ist die Kantische die am meisten klare; Freiheit heißt, eine Handlung von sich aus anfangen, *sua sponte.* Die Freiheit steht also zu den »Motiven« *senkrecht.* In ihrem Bereich liegen all die Elemente, die die menschliche Handlung aus der Biologie herausheben, nämlich die Mächte Schuld und Sühne, Gerechtigkeit und Gnade. Wie das Lebendige die chemischen Substanzen hält und sie zu den organischen Gebilden herauffügt, so hält die Freiheit die psychologischen Motive und schafft sie zur menschlichen Handlung um. Nicht, wer über die Freiheit »orientiert« ist, etwa im Sinne der kantischen Philosophie, ist ein Herr der menschlichen Handlungen, sondern nur, wer *ihr Eigentümer* ist.

Wenn wir also das Spiel gegenüber einer psychologischflächenhaften Betrachtung des menschlichen Tuns soweit gewonnen haben, daß wir erkannten: seine entscheidenden Merkmale gehören der Tiefe an; so fügen wir jetzt hinzu, daß auch alle Heilung in die Tiefe gehört und nichts mit Psychologie zu tun hat. Metaphysik und Ethik ist die adäquate Wissenschaft des menschlichen Handelns, und dieses Wissen ist legitim, weil es ein Wissen Ersten Grades ist. Es ist *substanzielles* Wissen; Einige sind in seinem Besitz, die meisten aber nicht. Die Prägung, die das menschliche Handeln an sich trägt und ihm seine eigentümliche Schicksalhaftigkeit verleiht, ist der Art, daß es nicht psychologisch und nicht biologisch ist. Es hat in seinem Kern nichts mit der Erhaltung des Lebens, weder des Einzelnen, noch der Art zu tun, auch nichts mit dem sozialen Wesen; es verträgt im Innersten durchaus keine Gemeinsamkeit mit dem Mitmenschen. Über all diese Ziele schießt es hinaus und nur ein verblendetes Zeitalter (1789!) hat versucht, ihm jene Schranken zu setzen.

Christus spricht in der Bergpredigt die Worte: »So ihr euch nur zu euren Brüdern freundlich tut, *was tuet ihr Sonderliches?*« Mit dieser Frage verweist er die Hörenden auf den Kern des menschlichen Tuns und redet ihn als ein »Sonderliches« *(περισσον)* ein Überfließendes und Überschwängliches an. Das Gewöhnliche versteht sich von selbst. Alles, was zur Befriedigung der Affekte, zur Aufrechterhaltung der bürgerlichen Ordnung, zur Erhaltung der Art gehört: alles das ist nicht der Beachtung wert. Dort aber, wo es *überfließt* und Sonderliches, fast Wunderliches, tut, da beginnt das Reich. Eine sehr gefährliche Lage. Des Menschen Tun war immer sonderlich. Was hat der Bau von Tempeln und Domen, was Menschenopfer und dionysische Gesänge, was die Askese oder die Tempelprostitution, was haben Massensterben von Märtyrern, Verhungern von Sängern um des Gesanges willen, der die Götter ehrt, was hat die Bußpredigt des Savonarola oder die Gemälde Michelangelos, was die barfüßigen Wanderungen der Franziskaner – mit der Biologie zu tun? Und es ist doch das einzige, was vom Menschen übrig bleibt, diese sonderlichen Taten, während alles andere, von der dumpfen biologischen Masse begangene dem Tierischen gleich vergeht. Wer nicht im »sonderlichen Tun« steht, dessen Leben ist ohne Bedeutung. Nur im sonderlichen Tun werden die Pforten der Natur aufgeschlossen, nur *hier* gibt es Erleuchtung.

Was es letzten Endes für eine Bedeutung haben möge, daß wir im Weltprozeß dem Schöpfungsakte der Natur begegnen durch einen entgegengestellten Schöpfungsakt der Menschen, das bleibe hier unerörtert; der Blick in die *schaffende* Natur, durch die Geschöpfe hindurch, und der Blick an die Stelle des Menschen, wo die Freiheit in sein Tun einbricht, diese beiden Blicke treffen im Grunde *dieselbe Stelle*. So sagt ein Kirchenlied:

»Auf Sein Werk mußt du schauen,
Wenn dein Werk soll bestehn.«

Hier ist weder das geschaffene Werk noch die getane Tat gemeint, sondern der Schöpfungsakt, das Sonderliche. Ich verweise hier noch einmal auf jenes geheimnisvolle Christuswort, das man in den Gräbern von Oxyrinchos fand, und das davon redet, daß die geschaffnen Dinge der Natur, die Vögel unter dem Himmel, die Tiere des Landes und die Fische im Meer eine »ziehende Kraft« besitzen *(τινες οἱ ἑλκοντες ...)* und den Einbruch des Himmelreiches bewirken, aber nur dann, wenn die Stelle *in uns,* die hierfür reif ist, sich geläutert hat[1]. Die Urbilder der Dinge und die Urbilder des Tuns sind, wenn man beides *in Kräfte* verwandelt, eines und dasselbe. Hier liegt das *punctum magicum.*

Das Leben eines Menschen, der, ohne des Gesetzes Werke, Sonderliches tut, indem er zugleich die segnenden Kräfte der Natur aufzunehmen imstande ist, zeichnet sich durch eine überreiche Freudigkeit aus (»meine Freude« sagt Christus bei Johannes). Wer aber diesen Anschluß *verpaßt,* dem geht es umso schlimmer. Anstelle der Freude rückt *Angst* in seinen Character ein und beginnt im Laufe der Jahre ihr unheimliches Zerstörungswerk. Der Sprung vom sonderlichen Tun zum Tun des Sonderlings ist bald getan. So steht das menschliche Handeln unter einem dauernden kosmischen Druck und zwar unter demselben Zeugungsdruck, der die Geschöpfe der Natur ins Leben rief — damit sie schuldig würden. Das, was wir Kulturen nennen, ist eine Reproduktion des Schöpfungsaktes und beides ist überfließendes Tun. Der Makrokosmos meldet sich im Tun des Menschen. Wie aber das Licht der Sonne, die auf das Meer scheint, nur die Oberfläche durchleuchtet, die Tiefen aber dunkel läßt, so vermag auch dieses Licht des Makrokosmos nicht die ganze für den Typus Mensch verwendete Substanz zu durchscheinen. Soviel wie vom Meer, soviel verweilt auch von der Menschheit in wohltätigem Dunkel.

[1] Vgl. Blüher: Aristie des Jesus von Nazareth. Verlag Niels Kampmann, Celle.

Man kann nur wünschen, daß dieses Dunkel nicht von Irrlichtern getäuscht wird. Wo aber das Licht hinscheint: *da ist Gefahr*. Die einen besiegen sie, und ihr Tun gerät in den schaffenden Überschwang des Sonderlichen; die andern scheitern und geraten in die *heilige Krankheit* der Neurose.

Dieser bedeutende Name darf natürlich nicht zu einem voreiligen Urteil über die Träger dieser Krankheit verführen. Die »Heiligkeit« bezieht sich ja auf die Krankheit und ihre Herkunft, und außerdem ist es eine *sanitas inversa*, also das »Negativ« der Heiligkeit. Wenn diese grausame Krankheit, die an Qualen alles überbietet, was die körperlichen Störungen hierin erreichen können, die Herrschaft über den Character allmählich gewinnt, so verfällt der Mensch, in dem also der Teufel sitzt, der *Deus inversus*, einem widerwärtigen und höchst bedenklichen Schicksal. Es passiert wohl selten einem Arzte, der mit körperlichen Leiden zu tun hat, daß der Kranke ihm sagt: wenn ich nicht gesund werde, so möchte ich lieber sterben. Wer aber mit Neurotikern zu tun hat, der weiß, daß es kaum einen gibt, der nicht kommt mit dem festen Willen sein Leben zu beendigen, wenn er nicht befreit wird. Läßt man also alle voreiligen Schlüsse über den Character der Träger fort, zieht man auch ab, daß der Deus inversus sich wirklich gern einmal auf Charactere wirft, die von Natur mißraten sind, so muß man doch bemerken, daß die Neurosen eine Krankheit der feineren und zarteren Menschen sind, welche zweifellos einen *verborgenen Überschuß* in sich tragen. Bauern und Arbeiter findet man nicht unter den Neurotikern, sondern diese stammen immer aus Schichten, die geistigen Dingen näher stehen. Hier kann man nun, ich möchte fast sagen, einen experimentellen Beweis dafür erbringen, daß die Ansicht der Griechen über die Neurosen richtig ist und die der modernen Ärzte falsch. In den Fällen nämlich, bei denen eine wirkliche *Heilung* erfolgt, ist nicht nur die Krankheit geschwunden, sondern sie hat sich umgekehrt, und der so verwandelte Mensch hat einen Überschuß bekommen, der ihn fähig macht, mehr und Sonderliches zu tun, als seine Mitmenschen. Der wirklich geheilte Neurotiker steht um den Betrag an Kraft über den andern, um den er während seiner Krankheit unter ihnen stand. Heilungen sind also niemals »Anpassungen an die bürgerliche Norm«. Bedenkt man ferner, daß alle großen Geister, von denen wir wissen, im ständigen Kampfe mit der Neurose gelebt haben, die sie siegreich bestanden, so wird der Gedanke der Griechen, der in dem armseligen gottverlassnen Neurotiker den *verunglückten* Bruder des Genius erkannte, nur von neuem bestätigt.

Wenn man das *Leben Goethes* betrachtet, so kann man sehr deutlich heraushören, daß es der Abheilungsprozeß einer großen Neurose ist. Er spricht es an einer Stelle seiner Schriften einmal aus und zwar in den Annalen des Jahres 1805. Dort heißt es: »Indessen war ich durch zwei schreckhafte Vorfälle, durch zwei Brände, welche in wenigen Abenden und Nächten hintereinander entstanden und wobei ich jedesmal persönlich bedroht war, *in mein Übel*[1], aus dem ich mich zu retten strebte, zurückgeworfen. Schiller fühlte sich von *gleichen Banden umschlungen*[1]. – Hier bricht also einmal »das Übel«, aus dem er sich zu retten strebte unverhüllt und unbeschworen hervor; sein sonst durch das Werk gefeiter Character wird vorübergehend von der Neurose unterworfen. Es gibt aber sogar ein Stück Biographie von ihm, in welchem er seinen »verunglückten Bruder« also jemandem, der dauernd von der Neurose in Schach gehalten wird, begegnet, und zwar mit einer Tiefe des Interesses, die sehr deutlich verspüren läßt, daß er das »tua res agitur« dabei versteht. Es ist die seltsame Zusammenkunft mit dem jungen *Plessing*, die der Anlaß zu seiner berühmten »Harzreise im Winter« war. Jener junge Mann hatte ihm einen, wir würden heute sagen, aufdringlichen Brief geschrieben, sein Herz ausgeschüttet, und den berühmten Mann um eine Antwort gedrängt. Goethe schreibt in der

[1] Von mir hervorgehoben. H. B.

»Kampagne in Frankreich« unter »Duisburg Ende November«:

»Zu manchem andern, brieflichen und persönlichen Zudrang, erhielt ich in der Hälfte des Jahres 1777, von Wernigerode datiert, Plessing unterzeichnet, ein Schreiben, vielmehr ein Heft, fast das Wunderbarste, was mir in jener selbstquälerischen Art vor Augen gekommen: man erkannte daran einen jungen durch Schule und Universität gebildeten Mann, dem nun aber sein sämtlich Gelerntes zu eigner, innerer, sittlicher Beruhigung nicht gedeihen wollte. Eine geübte Handschrift war gut zu lesen, der Stil gewandt und fließend, und ob man gleich eine Bestimmung zum Kanzelredner darin entdeckte, so war doch alles frisch und brav aus dem Herzen geschrieben, daß man ihm einen gegenseitigen Anteil nicht versagen konnte. Wollte nun aber dieser Anteil lebhaft werden, suchte man sich die Zustände des Leidenden näher zu entwickeln, so glaubte man fast des Duldens Eigensinn, statt des Ertragens Hartnäckigkeit, und statt eines sehnsüchtigen Verlangens abstoßendes Wegweisen zu bemerken. Da ward mir denn, nach jenem Zeitsinn, der Wunsch lebhaft rege, diesen jungen Mann von Angesicht zu sehen.« . . . »Nun hatte ich einen wundersamen geheimen Reiseplan« heißt es weiter unten, und dieser Plan umfaßte, neben einem Bergwerksbesuch eine Begegnung incognito mit jenem jungen Manne. Er hat ihn noch nicht gesehen, reitet vielmehr durch den schneebedeckten Harz und dichtet den Unbekannten an mit jenen unsterblichen Worten:

»Ist auf deinem Psalter,
Vater der Liebe, ein Ton
Seinem Ohre vernehmlich,
So erquicke sein Herz!
Öffne den umwölkten Blick
Über die tausend Quellen
Neben dem Durstenden
In der Wüste!«

Die Begegnung selbst ist eine persönliche Enttäuschung; der junge Plessing hat, wie zu erwarten war, gar nichts Anziehendes. Goethe stellt sich als reisender Landschaftsmaler vor, um nicht erkannt zu werden, verrät aber, daß er aus Weimar sei und erzählt dem jungen Manne viel von bekannten Weimarer Persönlichkeiten. »Endlich«, heißt es, »fuhr er etwas ungeduldig heraus: Warum nennen Sie denn Goethe nicht? Ich erwiderte, daß ich diesen auch wohl in gedachtem Kreise als willkommenen Gast gesehen und von ihm selbst persönlich als fremder Künstler wohl aufgenommen und gefördert worden, ohne daß ich weiter viel von ihm zu sagen wisse, da er teils allein, teils in anderen Verhältnissen lebte.« – Darauf gesteht ihm Plessing, daß er an Goethe einen langen und vertrauensvollen Brief geschrieben, dieser aber ihn nicht beantwortet habe. Er fragt, wie er über ein solches Verhalten denke, und Goethe incognitus antwortet, daß er so etwas weder erklären noch gar entschuldigen könne. Und nun muß er es über sich ergehen lassen, den Brief, den er ja selbst sehr gut kennt, in einer Abschrift noch einmal vorgelesen zu bekommen. Hierein fällt nun Goethes außerordentlich treffende Characteristik des jungen Mannes und damit des Neurotikers überhaupt. Goethe schreibt:

»Der Lesende paßte völlig zu dem Gelesenen, und wie dieser früher in der Abwesenheit mich nicht ansprach, so war es auch mit der Gegenwart. Man konnte zwar dem jungen Manne eine Achtung nicht versagen, eine Teilnahme, die mich denn auch auf einen so wunderlichen Weg geführt hatte: denn ein ernstliches Wollen sprach sich aus, ein edler Sinn und Zweck, aber obschon von den zärtlichsten Gefühlen die Rede war, blieb der Vortrag ohne Anmut, und eine *ganz eigens beschränkte Selbstigkeit* tat sich kräftig hervor. Als er nun geendet hatte, fragte er mit Hast, was ich dazu sage? und ob ein solches Schreiben nicht eine Antwort verdient, ja gefordert hätte? – Indessen war mir der bedauernswürdige Zustand dieses jungen

Mannes immer deutlicher geworden: er hatte nämlich von der Außenwelt niemals Kenntnis genommen, dagegen sich durch Lektüre mannigfaltig ausgebildet, alle seine Kraft und Neigung aber nach innen gewendet und sich auf diese Weise, da er auf der Tiefe seines Lebens *kein produktives Talent* fand, so gut als zu Grunde gerichtet; wie ihm denn sogar Unterhaltung und Trost, dergleichen uns aus der Beschäftigung mit alten Sprachen so herrlich zu gewinnen offen steht, völlig abzugehen schien.

Da ich an mir und anderen schon glücklich erprobt hatte, daß in solchem Fall eine *rasche gläubige Wendung gegen die Natur* das beste Heilmittel sei, so wagt ich alsobald den Versuch, es auch in diesem Falle anzuwenden, und ihm daher nach einigem Bedenken folgendermaßen zu antworten...«[1]

Der junge Mensch hört natürlich nicht, was Goethe im Folgenden sagt, und bleibt in sein eigensinniges Ich verstrickt. Die Worte Goethes sind im Wesentlichen ein Kommentar dessen, was er oben von der »raschen gläubigen Wendung gegen die Natur« sagte. Statt ernsthaft zuzuhören, versucht der Unverbesserliche, dem Fremdling seinen zweiten Brief an Goethe vorzusetzen, immer noch nicht ahnend, wen er da vor sich hat; dieser aber versteht es, sich aus der Affäre zu ziehen.

An dieser ganzen Begegnung bleibt nur das eine wichtig, daß Goethe hier seinem ungeheilten Partner in die Augen sah und daß er diese Beziehung fühlte. Er schreibt darüber an Frau v. Stein: »Mein Abenteuer hab ich bestanden, schön, ganz wie ichs mir vorauserzählt, wie Sie es sehr vergnügen wird zu hören, denn Sie allein dürfens hören, auch der Herzog, und so muß es Geheimniß sein. Es ist niedrig, aber schön, es ist nichts und vielleicht die Götter wissen allein, was sie wollen und was sie mit uns wollen, ihr Wille geschehe.«

Das Leben Plessings, sein Meinen und sein Tun, sind das eines Sonderlings; es verhält sich zu dem Goethes, des Sonder-

[1] Alle Hervorhebungen dieses Textes stammen von mir. H. B.

lichen, wie das photographische Negativ zum Bildnis einer schönen Frau. Die Formen sind deutlich angezeigt aber niemand ist imstande, im Negativ die Schönheit selber zu sehen; *diese ist immer positiv*. Aber sie ahnen sich gegenseitig. Das ist die Neurose. In der Psychose aber geht es nicht um die Schönheit und die übrigen Werke der Kultur, sondern um gewisse eschatologische, also messianische Qualitäten. Der Psychotiker ist auch ein »Negativ«. Die erstaunlichste religiöse Scene die wir hierüber kennen, ist die Begegnung Christi mit den »Dämonischen« am See der Gergesener. Auch diese ahnen sich beide. Ich habe hierüber in dem Kapitel »Christus und die Dämonischen« des Buches »Die Aristie des Jesus von Nazareth« ausführlich gehandelt.

Nur das *Ganze* der menschlichen Handlung also in seinem Zusammenhang mit dem Ganzen der Welt kann uns Gewißheit geben über den Ursprung der Neurose und Gewißheit über ihre Heilung. So erfüllt sich denn jene Bemerkung des Plato, die er im Phaedros über die Heilkunde hat verlauten lassen und die wir als ihr eigentliches Thema ansprechen können: Wir verwandten sie zum Motto dieses Traktates. Daß aber das *Wissen um das Ganze*, Metaphysik und Ethik, nicht erworben werden kann, sondern verliehen wird, das ist uns schon oben klar geworden.

Bleibt nur, die *Rolle der Psychologie* in der Neurosenlehre zu besprechen. War die eben vorgetragene Wissenschaft eine solche, die auf das Phänomen selber ging und es, substanziell gebunden, in seiner Ganzheit erfaßte, so ist die Psychoanalyse die bisher adäquateste Wissenschaft vom *psychischen Terrain* der Neurose. Da aber die Neurose selber in einem anderen Reich verankert ist, und also auch nur von diesem her geheilt werden kann, so bleibt nichts anderes übrig, als zu der Entscheidung zu kommen: Psychoanalyse ist therapeutisch indifferent. Dieser Satz gilt aber nur für den genauen Mittelfall, daß sich bei der psychoanalytischen Therapie *andere* Einflüsse, die aus jenem Reich und seinem dunklen Widerpart kommen, ausschalten lassen. Dieser Fall ist aber praktisch nicht durchführbar: solange die Persönlichkeit eines Arztes und die Sprache des Arztes, wenn er auch noch so wenig sagt, *da ist*, solange ist eine vollkommene Asepsis gegen andere Einflüsse unmöglich. Also gilt der Satz: »Psychoanalyse ist therapeutisch indifferent« nur für den gedachten, nicht vorkommenden Grenzfall. In allen wirklichen Fällen wird entweder eine gute oder eine böse Wirkung hervortreten.

Ich nehme mir hier als Gegner, nicht im Sinne einer Bekämpfung, sondern nur als Folie, allein die orthodoxe, streng ärztliche Schule *Freud* mit ihrer völlig eindeutigen klaren Methode. Ich beachte nicht meine philosophierenden Rassegenossen, die einen unerwünschten Tiefsinn in eine Sache getragen haben, die keine Tiefe verträgt; sie wollen immer »aufbauen« und verlieren darüber jede Selbstbesinnung. Wenn ich also von Psychoanalyse spreche, so meine ich immer nur die von Freud gefundene und ausgebildete Wissenschaft, und nichts weiter.

Fassen wir also zuerst die guten Wirkungen ins Auge und fragen, worin sie bestehen. Die Psychoanalyse ist eine Auflockerung des psychischen Terrains. Die ins Unbewußte verdrängten Komplexe werden durch die Methode genötigt, sich gegenseitig loszulassen und *möglicherweise* sich in günstigerer Form und mit besseren Dingen zu verbinden, als während des Krankheitsverlaufes. Um das überhaupt zu können, müssen sie — kein Regen wäscht sie davon ab — unweigerlich eine wichtige Zone passieren, durch die ungestraft oder ungeläutert — je nachdem — keines von ihnen hindurchkommt; diese Paßzone ist die menschliche *Sprache.* Irgend wann einmal werden, so oder so, die sprachlosen unbewußten Triebfragmente *angeredet,* und an dieser Stelle fällt die Entscheidung. Die Psychoanalytiker nennen das einfach »ins Bewußtsein bringen«, aber sie verschweigen, durch welches Medium das geschieht. Dieses Medium ist ihnen ja auch, als Psychologen, unbekannt und sie halten die Sprache für ein bloßes Verkehrsmittel. Das ist sie ja nun freilich *auch*, aber in ihrer unwichtigen Funktion. Derjenige Teil der Sprache, mit dem sich die Menschen untereinander vorgeblich verständigen, ist der *Abfall* der Sprache, den man übrigens sogar synthetisch herstellen kann, wie das Limonadenwasser (Esperanto). Der andere Teil aber ist der, in welcher die große Litteratur der Völker geschrieben ist, sowie die heiligen Schriften. Diese Sprache dient keineswegs der Verständigung, sondern durch sie, und durch sie allein, werden die wirkenden Tiefenkräfte der Natur, also auch die Heilkräfte, herausgeholt und dem Menschen zur Verfügung gestellt. Was Menschen untereinander sich zu sagen haben, das ist nicht weit her. Durch die Sprache der großen Litteratur wird der Mensch als geistiges Wesen erst geschaffen. Wer Sprache hat, der hat auch die heilenden Kräfte der Natur. Aber die Sprache geht weiter als das Gesprochene; es gehört auch das Schweigen dazu, das zur rechten Stunde eintreten muß – Reden und Schweigen sind die durchdringenden Pole der Sprache. – Hinzu gehören auch die verschiedenen unmittelbaren Wirkungen, die die Sprache eines Menschen auf ihn selbst, den Sprechenden, schon ausgeübt hat. Sprache ist durchaus keine schöngeistige Angelegenheit, sondern die geistige selber; an seiner Sprache kann man sofort den Schwindler erkennen, an seiner Sprache den lautren Character. Kurzum, es kommt durchaus darauf an, *wer man* ist.

Hier drängt sich uns das gefährliche Wort »Persönlichkeit« auf. Löst man von diesem Begriffe alles ab, was man davon im Spiegel betrachten kann, so ist dasjenige, was übrig bleibt, jenes allein Seligmachende. Persönlichkeit heißt nie und nimmer etwas anderes, als »das Durchtönende«.

Wenn also, genötigt durch die psychoanalytische Methode, das psychische Terrain des Kranken sich zu lüften beginnt, so hängt sein Wohl und Wehe einzig und allein davon ab, welcher Same in die gelockerte Furche fällt. Da jeder Kranke ein Teil der verschwendeten Weltsubstanz ist, die sich aus der mißratenen Schöpfung durch einen *besonderen* Akt erhöhen wollte, um sich die Rückverbindung zu dem schaffenden Wesen zu sichern: so muß der Arzt das Gegenteil davon sein; da der Kranke nicht weiß, wie ihm geschehen ist, so muß der Arzt ein Wissender sein; nicht wissend um dieses und jenes, kein Kenner aller Wissenschaften, sondern ein Wissender von dem, was einzig not tut. Da der Kranke ein Verunreinigter ist — dieses sichere Gefühl ist psychologisch nicht aus der Welt zu schaffen — so muß der Arzt, der ja hier nicht mit Instrumenten heilt, sondern mit seinem innersten Wesen, von persönlicher Lauterkeit sein. Man kann nicht Kranke heilen und mit schmutzigen Gefühlen herumlaufen. Der Arzt muß gleich dem vestalischen Feuer sein inneres Licht bewahren. — Dies alles trennt den Arzt vom Kranken; hier sind sie verschieden, hier heilt das Gegenteil. Gleich aber sind sie in dem einen: der Arzt muß selber ein geheilter Fall sein und daher jeden heimlichen Gang und jeden Anfall der Krankheit kennen. Wenn also ein Kranker sagt: »seit meiner Jugend plagen mich religiöse Zweifel«, so kann der Arzt nicht daneben stehn und diese Zweifel als rationalisierte psychische Komplexe »deuten«; sondern er steht immer ganz und gar und voll verantwortlich vor der Religion selber. Religion ist keine Privatsache, und Überzeugungen spielen hier keine Rolle. *Hic Rhodus hic salta!* Es geht nicht an, dem Kranken in der gesicherten Position des Bürgers gegenüberzustehen und ein solches Leben ihm heimlich zum Maßstabe zu machen. Wer das versucht, beweist damit, daß ihm das Wesen der Neurose verschlossen blieb. In jeder »Analyse« treten die Sakramente auf, und zwar als reale Mächte. Es tritt auf die Ehe, es tritt auf der Tod; diese beiden melden sich am eindringlichsten. Schwächer, aber doch sehr wohl merklich, die Taufe und das Abendmahl. Hier müssen sich die Fragen regen: warum der Priester dem Kinde Worte zumurmelt, die es doch nicht versteht, und ob es nicht besser sei, erst dann zu taufen, wenn der Mensch »frei entscheiden« kann. Oder: ob es richtig ist, daß im Kelch und Brot der Leib Christi *wirklich* anwesend ist, oder nur symbolisch vertreten. Luthers und Calvins Abendmahlslehre, sowie das heilige Meßopfer der römischen Kirche treten in der Neurose als reale Mächte auf – und diese Zeit hat es vergessen, daß um dieser Mächte willen Kriege geführt und Menschen verbrannt worden sind.

Daß nicht nur christliche Sakramente in der Neurose vorkommen, sondern auch heidnische, braucht hier nur kurz erwähnt zu werden im Zusammenhang mit der Knabenliebe und dem Heroenkult. Werkgerechtigkeit und Gnade, Erlösung und Unsterblichkeit, Gott und Freiheit, das alles – ich meine also die großen epischen Mächte der Religion – treten hier wirklich auf, und nur von ihnen ist der Kranke ein Opfer. Wie aber soll jemand wirklich heilen können, der keine Verbindung mit diesen Mächten hat? Sie allein sind es, die Krankheit und Gesundheit schaffen, sie allein stecken im Leben als Führung, nur mit ihnen verbunden wird das Schiff flott. Wer diesen Wind nicht in den Segeln hat, der soll die Finger vom Kranken lassen und nicht gar noch von »psychischen Komplexen« schwatzen.

Aber man glaube auch nicht, daß einem damit geholfen ist, wenn er etwa die hier vertretene Meinung aufnimmt. Nur wem sie sofort selbstverständlich wird, wie er sie nur gehört hat, für den ist sie da, und dem hilft sie weiter. Ich zweifle daran, daß es mir gelang, den wahren Sachverhalt zu treffen, wenn ich oben von den Sakramenten sprach, und es denke nur ja niemand, daß ich in der Sprechstunde davon rede, und diese Worte etwa bei mir die Umlaufsgeschwindigkeit haben, wie beim Psychoanalytiker die Worte »Verdrängung«, »Sublimierung«, »Abreagieren« usw. Dann wäre ich nicht besser dran als sie. Ich kann mich aber kaum entsinnen, je von diesen Dingen eigentlich gesprochen zu haben, wohl aber weiß ich von ihrer Anwesenheit. Es ist eine der tiefsten Fähigkeiten der Sprache, daß sie es erlaubt, von ganz anderen Dingen zu reden und doch eben jene zu meinen. Man kann in der rechten Stunde vom Lauf der Gestirne reden und dabei unbemerkt die Geheimnisse der Gnadenwirkung auslösen. Die Sprache ist gebaut wie die Farbe: sie besteht aus Licht und Finsternis (sage Rede und Schweigen) und die Entlockung der Heilsvorgänge sind ihre Taten. Man muß auf den weißen und schwarzen Tasten zu spielen verstehn. Ja, man kann noch mehr sagen: wer etwa die Sakramentsvorstellung, so wie die als »Letzte Dinge« bekannten Grenzvorgänge zwischen Sein und Sollen stets parat hat und mit ihnen umzugehen versteht, wie ein geschulter Kantianer mit der Kategorientafel; von dem kann man sagen, daß er von den Vorgängen selber ferngehalten wird. Er besitzt wohl in seinem Kopfe ein Art mobiles Kapital, aber er gehört nicht zum Typus der wirklichen Eigentümer, die immer an Grund und Boden gebunden sind. Wer irgend etwas von Jargon, Redensart, festgelegter Phrase an sich hat, der hat die Pflicht, die Hände vom Kranken zu lassen. Wer keine Sprache hat, hat keine Erkenntnis, wer keine Erkenntnis hat, der hat keine Heilkunst. Erkenntnis aber ist immer momentan. Wem nichts einfällt, der fällt ein.

Darum gibt es so etwas nicht, wie eine »Methode«. Der Akt der Heilung ist immer ein durchaus individueller, wie der Akt des Malens. Was würde wohl jemand sagen, der sein Porträt haben wollte, und dem ein Künstler beim ersten Besuch eine Reihe von festen Typen vorstellte, mit der Aufforderung, sich nun diejenige auszusuchen, die seinem Habitus am nächsten käme? Wie jedes echte Porträt durch einen entscheidenden und nur auf diesen einen Menschen gemünzten Pinselstrich entsteht, so jede Heilung durch einen einzigen nur *diesem* Menschen zugehörigen Eingriff des Arztes. Jeder hat seine eigne Krankheit, wie jeder sein eignes Gesicht. Der Wert einer Methode, zum Beispiel der Psychoanalyse, liegt immer nur in der mehr oder minder besseren Vorbereitung. Ich halte die Psychoanalyse für eine ganz ausgezeichnete Methode (Umweg!); ob ich sie aber benutze, das lehrt mich jedes mal der einzelne Fall. Wesentlich für die Neurosentherapie ist sie nicht. Ob ich die Lockerung des psychischen Terrains durch Psychoanalyse vornehme (das ist die leichteste und bequemste Methode) oder durch Gymnastik oder durch warme Lehmbäder, das alles ist für den Heilungsvorgang ohne jeden Belang. Ich kenne eine ganze Reihe von Fällen, bei denen ich alles Psychoanalytische durchaus für mich behalten habe; Patienten, die mir durch eine geringfügige Körperbewegung, ihre Häufung und Variation alles verrieten, was etwa eine systematisch durchgeführte Analyse hätte herausbringen können, zu denen ich aber nicht mit einem Worte davon sprach, weil der Heilungsvorgang von vorneherein in einer ganz anderen Linie verlief. Es besteht kein Zweifel, daß alle Neurosen von einer Aberration in der Entwicklung des Geschlechtstriebes begleitet sind (»Der Harn ist gerecht« Paracelsus) und dieser rote Faden läßt sich selbstverständlich bis in die feinsten Spitzen des Geistes (Nietzsche) verfolgen. Es ist aber durchaus eine Frage, ob man diese Tatsache *zur Sprache* bringen soll. Sie liegt ja im Unbewußten sprachlos da, sie wirkt als negative Macht und zerstört allmählich das Gemüt des Kranken. Bringe ich sie nun ins Bewußtsein — und das ist identisch mit »verleihe ich ihr Sprache« — so hängt alles davon ab, *welche* Sprache ich rede. Die mimosenhafte Empfindlichkeit der als »sexuell« etiquettierten Regungen ist jedem bekannt. Rede ich solch eine Regung falsch an, so ist alles verloren. Die sexuellen Triebkräfte sollen ja, psychoanalytisch geredet, anstelle der schlechten und schädlichen Verbindungen, die sie bisher im Kranken gefunden haben, neue eingehen: diese zartesten aller Übergänge und Ablösungen hat man in der Hand, wenn der

Patient neben uns sitzt und von sich erzählt. Und man hat immer ein Menschenleben in der Hand. Der Neurotiker ist immer ein Mißbraucher der höchsten Güter; er hat immer das, was gelungene Exemplare derselben Herkunft in außerordentlicher Weise dargestellt haben – sonderliches Tun – dérangiert, und wird nun zur Strafe das Opfer dieser Mächte. *Stelle* ich nun diese Mächte und rede sie richtig an, so ist das Spiel gewonnen. – Was heißt »richtig« ...? *Wer* muß ich sein, um diesen unglückbringenden Mächten gewachsen zu sein? Wird mein Wortschatz und damit mein Wertsystem bestimmt von den festen Gedankengängen der analytischen Psychologie und ihrer Anpassung an die bürgerliche Moral, bin ich in meinem Denken bestimmt von den Ideen des deutschen Idealismus, bin ich durchdrungen von der Richtigkeit der menschheitsgläubigen Aufklärung, oder bin ich sonstwie vorbelastet, so stehe ich dem Kranken in einer eigenwilligen und bornierten Art gegenüber. Solange ich jemand bin, der sich im gesicherten Besitz einer festen Weltanschauung befindet, habe ich keinen Zugang zur Heilkunde. Wohl aber öffnen sich mir die Pforten, wenn ich etwas *ganz anderes bin:* Reines willenloses Subjekt der Erkenntnis (Schopenhauer). Das ist die beste Formel, die je gefunden wurde. Alle Systeme in Ehren, psychoanalytisches Denken, deutscher Idealismus, jüdisch-französische Aufklärung in Ehren: sie waren etwas, als sie *entstanden,* und man kann es wahrlich einem Freud nachfühlen, wenn er seinem Hauptwerk mit der Geste des großen Mannes die Worte als Motto vorsetzt:

Flectere si nequeo Superos Acheronta movebo[1] – aber das alles ist nichts in dem Augenblick, wo es sich als Industrie konsolidiert und sich womöglich gar noch »weiter entwickelt«.

An dieser Stelle kann man die Mediokrität des ganzen Standpunktes der Psychoanalyse deutlich machen; diese Wissensrichtung gehört nicht in eine Rangstufe mit dem, was Schopen-

[1] Kann ich die Götter nicht stürzen: die Unterwelt will ich bewegen.

hauer, Plato, Kant, Nietzsche und Goethe wußten. Die Substanz dieses Wissens ist rangverschieden. Es ist zwar nicht erlaubt, den genialen Akt, der sich in Freud zweifellos vollzogen hat, anzutasten, wohl aber das Werk (opus operatum) und nun gar die Folgen. Daß es sich hier überhaupt nicht um eine geistige Bewegung handelt, und daß es garnicht möglich ist, innerhalb der Psychoanalyse auch nur in die Nähe des wirklichen Wissens zu geraten, das dürfte bald klar werden. Plato hat stets unterschieden (und er war der erste, der die Frage stellte) zwischen dem gewöhnlichen Wissen (doxa), das jeder haben kann, und das heute wahr und morgen falsch ist, und der *Erkenntnis* (epistême), welche auf das Notwendige (anankeion) geht, und welche (das hat er verschwiegen) eine privileghafte nur Einzelnen verliehene Fähigkeit ist. Der größte Schilderer dieser Fähigkeit war Artur Schopenhauer. Wir befinden uns hier in einer geistigen Sphäre, von der aus die gesamte Psychologie ebensoweit entfernt ist wie die Chemie oder die Nationalökonomie oder die Mechanik. Denn alles dieses ist doxa und betrifft nicht das Sein und das Notwendige. Dieses wird nur erreicht durch jenen Erkenntnisakt, dessen subjektive Seite Schopenhauer mit der Formel »reines willensfreies Subjekt der Erkenntnis« bezeichnet hat und dessen objektive Seite der *Heilsvorgang* ist. Denn Erkenntnis ist Heilung, Erkenntnis trifft auf das Notwendige und nicht auf das Zufällige, und das Notwendige ist die Wende der Not. Hier befinden wir uns mitten in der *gratia medicinalis.*

Es steht dem Philosophen, dem es ernst um die Sache ist, nicht zu jeder Zeit der Ausdruck für einen Vorgang zur Verfügung, den er in abstracto bei sich mit völliger Sicherheit bewahrt. Und so muß ich es mir jetzt auch versagen, mit meinen Worten den *Vorgang der Erkenntnis* zu beschreiben, den Schopenhauer in unnachahmlicher Klassizität in das Gefüge der deutschen Sprache eingemeißelt hat. Es ist hier besonders an das dritte Buch der »Welt als Wille und Vorstellung« zu erinnern. Schopenhauer hat begriffen – was Kant übersah – daß die Entriegelung der Natur auf einem anschaulichen Verhalten zu ihr begründet ist, daß die Natur »in Hieroglyphen« schreibt, und daß der Erkenntnisakt sich nicht gleichmäßig in der ganzen Menschheit vollzieht (wie z. B. die Kategorientafel Kants ein allen Menschen gleichmäßig zugeteiltes Schema ist), sondern daß die Natur sich an *bestimmte Einzelne* wendet. Er hat ferner erkannt, daß dem Akte der Erkenntnis ein Vorstoß der Schönheit vorausgeht, daß also die Erkenntnis ein unmittelbarer Abkömmling der Kunst ist und diese also das Urphänomen. Solange ich die Welt (meint Schopenhauer) nach dem »Satz vom Grunde« betrachte, folgt eines aus dem andern und geht ins Unendliche fort; niemals aber erreiche ich das Wesen der Dinge selber. Wenn aber der Satz vom Grunde aufhört, mich zu lenken, das heißt das abstracte Denken zum Stillstande kommt, und ich mich ganz in das Dasein des hier erscheinenden Gegenstandes vertiefe, reines willenloses Subjekt der Erkenntnis werde, so offenbart sich mir die *platonische Idee* dieses Dinges. Die Philosophie wiederholt diese Idee der Welt in abstrakten Begriffen, meint Schopenhauer, die Kunst dagegen anschaulich. Wenn also der Maler ein Porträt schafft, so fragt er nicht nach der Herkunft dieses oder jenes Zuges im Gesicht, nicht nach der Anatomie, sondern nach dem eigentümlichen Wesen dieses Menschen (wir würden heute sagen, nach dem Schicksal) und nur, wenn es ihm gelingt, *dieses* zu erfassen, wird das Bild ein Kunstwerk. Mit einem solchen kann der Besteller, wenn er ein Bauer oder ein Protz ist, sehr unzufrieden sein, ist er aber ein ernster Mensch, so wird er gar sehr getroffen werden von dem Einblick, den ihm der Künstler da verschafft hat, und es soll vorgekommen sein, daß einige unter ihnen ihr Leben geändert haben. Das aber kann niemals geschehen, wenn der Maler ein bürgerlicher Akademiker ist, der es auf die empirische Ähnlichkeit abgesehen hat, und der gar noch schmeichelt, sondern er muß jemand sein, dem die Natur ihr Geheimnis anzuvertrauen wünscht. Ich kann mir nicht denken, daß jemand dem Atelier Rembrandts glücklich entronnen ist, ohne im Tiefsten gewandelt worden zu sein.

Es verlohnt sich hier, daran zu erinnern, daß sowohl die Ästhetik wie die Malerei dieser Tage ihr Hauptgewicht darauf legt, vorgeblich »interessante« Blickarten verdrehter Malerpersönlichkeiten zu respektieren, wohingegen die größten Geister aller Zeiten stets und ausschließlich das rein Objektive betont haben und dieses allein der Betrachtung wert hielten, Lionardo redet immer nur von der »imitazione della natura«.

Die Heilkunde – vorläufig in dem Ausschnitte der Neurosenlehre gesehen – ist nun genau an der gleichen Stelle begründet, wie die Malerei. Wie man schon vom Blute Rembrandts und Lionardos sein muß (sehr verschiedenes Blut, aber doch eben Blut), um sich einen Maler nennen zu dürfen, so muß man auch vom Blute des Paracelsus stammen, wenn man in Wahrheit ein Arzt sein will; alles andere ist Selbstbetrug und Schein.

Wenn also jemand als rechter Arzt das ihm von der Natur anvertraute Gut richtig verwalten will, so muß er den Weg gehen, der allein zum Ziele führt. Zunächst muß er die Forderung erfüllen, sich selbst in Ordnung zu bringen, denn seine Erkenntnis muß stets auf dem Wege zum höchsten Grade bleiben. Wenn sich diesem Gange ein Hindernis in den Weg stellt, so versagt die Heilkraft. Es geht darum, das *instrumentum sanitatis,* das er in sich trägt, rein und scharf zu halten. Um sich das zu sichern, muß er die Forderung erfüllen, die im Evangelium an den Reichen Jüngling gestellt wird: »wirf all dein Gut von dir, und gib es den Armen«. Es kommt nicht auf den irdischen Reichtum an und ebenso wenig auf die Armen, denn das war nur zu *diesem* Jüngling geredet. Es kommt darauf an, den Zustand zu erreichen, in dem man nichts besitzt, und dieser besitzlose Zustand hat nur bei der von Natur besitzenden Klasse Wert. »Proletariat« ist garnichts. Der Fluch des Reichtums liegt ja nur darin, daß der Mensch glaubt, durch ein erwerbbares Gut etwas zu *sein*; ob dieses erwerbbare Gut in Geld oder in Wissen besteht, das ist die gleiche Sache. Seine Wissenschaft hinzugeben würde für den heutigen Menschen genau dieselbe innere Unmöglichkeit sein, wie das Opfer des reichen Jünglings, denn das erwerbbare Gut der Wissenschaft täuscht ihm vor, daß er etwas *sei*; nehmt es ihm fort, und der Rest ist schlotterndes Gebein. Erwerbbares Gut ist alle Naturwissenschaft und Psychologie, wie sie heute betrieben werden, nämlich die Anwendung des »Satzes vom Grunde« auf die räumlich-körperlich und die zeitlich triebhafte Welt. Diese ganze Wissenschaft, der eigentliche Stolz des 19. Jahrhunderts, ist das Wissen von einer geschaffenen Natur ohne Schöpfungsakt. Kein Stück davon, das diese Wissenschaft begreift, ist wirklich Natur, sondern ein vom Unbewußten des Zeitgeistes vorher konstruiertes Schema. In dieser Welt ist es leicht, ein Wissender zu sein: es kostet nur die angestrengte Arbeit einiger Jahrzehnte, und die Werkgerechtigkeit dieses Tuns erzwingt sich ihren vollen Lohn. Aber dieses Wissen gilt einem Gespenst. Auf die Welt, wie sie wirklich lebt (außen und innen) ist ein anderes Wissen gemünzt, das den Schöpfungsakt einbegreift, und daher auch den Finger auf die Wunde zu legen vermag. Liegt der Finger aber auf der Wunde, so liegt er auch auf der Genesung: die Rückwanderung der Welt (außen und innen) in den Schöpfungsakt. Dieses unerlernbare Wissen wird von der Natur selber ausgegossen auf eine beschränkte Zahl (numerus clausus). Es ist inhaltlich immer ein Wissen um den Heilsvorgang, ganz gleich ob am blutenden Finger oder der zermarterten Seele. Es ist immer religiöses Wissen.

Wenn es auch leicht ist, dieses Wissen zu besitzen, denn

man wird mit ihm geboren, so ist es noch leichter, es zu verlieren. Es zeichnet sich von dem gewöhnlichen dadurch aus, daß es immer von neuem errungen werden muß. Man kann es nicht schwarz auf weiß nach Hause tragen, sondern man ist angewiesen auf jenen geheimen Druck, der plötzlich eintritt und die volle Kraft des Wissens zeigt. Es ist immer vollkommen da vor dem Kranken, aber niemals auf Kongressen und in Büchern. Denn der heilige Geist wohnt nicht in Tempeln von Menschenhänden gemacht. So wie Orpheus die Gattin für immer verliert, wenn er sich nach ihr umsieht, so verliert der Arzt das Wissen, wenn er neugierig wird. Die Verführung ist fast unwiderstehlich; der menschliche Geist ist so konstruiert, daß er durch das Vermögen der Begriffe die Erkenntnis schematisieren kann und sie so zu einem sicheren rententragenden Besitze machen. Was ich im Begriffe habe, das besitze ich für immer: aber es besitzt auch mich. Nur der Augenblick, in dem ich etwas ergreife, steht in der *gratia medicinalis.* Im Entstehen des Wissens hat es heilende Macht, nicht im Wissen des Wissens. Nur das Wissen vor dem Kranken heilt, und nur »sein Glaube« hilft ihm – aber nicht der Glaube an die Person des Arztes.

So entsteht immer im Menschen der Konflikt zwischen dem, was er *ist*, und dem was er *hat*. Alles aber, was der Arzt hat, muß er opfern, in dem Augenblick da er dem Kranken gegenübertritt. Was ich bin, das kann ich nicht opfern, denn was ich bin, das habe ich nicht selbst gemacht. Wo viel zu opfern ist, da ist große Heilkraft, wo wenig, da wenig. Der Arzt darf dem Kranken nicht gegenüberstehen mit der Geste: ich bin der große Mann, ich habe das alles gelernt, ich weiß so viel, ich habe so unzählige Kranke in diesem Liegestuhl geheilt, und ich stamme aus einer so guten Familie und bin von Natur mit geistigen Gütern gesegnet. Wo er das tut, da hemmt er das Entstehen der heilenden Erkenntnis. Sondern er muß schon wirklich vollbringen, was dem reichen Jüngling mißlingt; und hier enthüllt sich uns von neuem der Sinn des Wortes: selig sind die Bettler im Geist. Wo irgend ein System, eine Weltanschauung, ein Dogma, grassiert, da kann keine Sprache entstehen. Denn es ist wirklich so: vor jedem Patienten muß eine neue Sprache geboren werden, die wohl wieder verfliegt, die aber dagewesen sein muß. Ein Jeder muß neu angeredet werden, und der Arzt darf vorher nicht wissen, wie er das tut, es nützt mir nichts, wenn ich alle »psychischen Komplexe« kenne von der Geburt bis zu dieser Stunde; es nützt nichts, wenn ich sie dem Kranken »bewußt mache«. Die psychischen Komplexe sind konstruierte Schemen, die es an sich garnicht gibt. *Geben* tut es das alles nur in der Verbindung mit dem Kranken. Nicht seine »Psyche« ist krank, sondern *er selber*, der nur einmal da ist; und wenn er selber mir nicht entgegentritt, und ich ihm, so ist es alles tönendes Erz und eine klingende Schelle. Sein geht auf Sein und zeugt; Gedachtes auf Gedachtes ist ohne Frucht.

Die Behauptung der psychologischen Schule innerhalb der Neurosentherapie, daß nämlich die Heilung zustande kommt, dadurch, daß verdrängte Komplexe bewußt werden, schränkt sich also dahin ein, daß die Heilung eintreten *kann;* und das ist ein gewichtiger Einwand. Denn wir haben gesehen, daß der Ausdruck »bewußt werden« eine heimliche Unterschlagung enthält, indem das Passieren der Sprachzone übergangen wird. Und die Sprache ist das *vehiculum sanitatis,* nicht aber ein selber nur abstrakt vorkommendes abstraktes »Bewußtsein«. Nur das Konkrete heilt; konkret heißt »zusammengewachsen« — es fragt sich nur, *womit.*

Die Neurosen sind verpfuschte Sakramente; wer sie heilen will, muß verwandt sein mit denen, die im Besitz der geordneten sind. Wir stehen hier kurz vor der tiefsten erreichbaren Stelle der Neurosenlehre. Plato war der Meinung — vielmehr er wußte es aus Erfahrung — daß es außer der allgemeinen Wisserei (doxa), jenem unverbindlichen »Berichterstatten« über die irdischen Vorgänge, ein wirkliches Wissen oder ein

Wissen vom Wirklichen gibt (epistême). Er hat in seinem Dialoge »Theäthet« gezeigt, daß die begriffliche Festlegung, die Definition der Erkenntnis am Widerstande dieser Erkenntnis selber scheitert; daß, wenn man anfängt »Erkenntnistheorie« zu treiben (und Plato tut es unter allen Philosophen zuerst), man um den inneren Gehalt dessen, was sie selber ist, betrogen wird. Man ist am Ende so klug wie am Anfang. Dagegen hat er an einer anderen, berühmteren Stelle, und zwar im Höhlenmythos (Buch VII der Republik) den wahren Vorgang beschrieben. Es wird jemand innerlich gezwungen, hinauszuwandern, und dann, an einer bestimmten Stelle seines Weges getroffen von der Macht des Wirklichen *(ὄντως ὄν)*, die sich ihm zeigt, was und wer sie an sich selber ist. Ein Einzelner also unter unzählig Vielen, der selber vom Wirklichen stammt (denn warum trifft *ihn* die Wahl . . . ?), wird heraufgezogen und vom Wirklichen getroffen. Dieser Vorgang des Getroffenwerdens ist *pathologisch.* Der Sehende wird zuerst geblendet und benimmt sich wie ein Wahnsinniger; erst wenn er standhält, wird er ein Wissender. Das *ist Erkenntnis.* Und da der Ausgewanderte ein Teil des Kosmos ist und von diesem gezwungen wird, so ist Erkenntnis stets ein Vorgang des Kosmos, *keineswegs* aber eine subjektive Angelegenheit des Ausgewanderten, auch nicht des ganzen Typus, auch nicht »des Menschen«. In dem Augenblick, wo Erkenntnis eintritt, ist etwas im Kosmos eingetreten, aber dieses Eingetretene ist niemals aussprechbar, sondern *reine wirkende Macht.* Sie teilt sich dem Wissenden mit und er wird also mächtig. Alle großen Taten der Menschen stammen aus dieser Macht. Alle historischen Ereignisse geschehen ausschließlich durch solche Wissenden, niemals aber durch Wirtschaftskräfte; alle Kunst und sogar – alle Wissenschaft hat diesen Wissenshintergrund, den ihr jedesmal nur Einer verlieh. Macht aber hat er auch über diejenigen, welche nicht standhalten, und in Wahnsinn, Trübung, Zerrüttung, Angst – Vorstadien der Erkenntnis –

verharrten. Wir nennen diese heute Neurotiker und studieren so nebenbei auch die Struktur ihres psychischen Terrains; wir könnten auch die Struktur ihres »gerechten Harnes« studieren. *Freud* hat gefunden, daß der Neurotiker in seiner Sexualität stecken geblieben ist. Das ist richtig. Aber dies Steckenbleiben ist *nur ein Gleichnis.* Es ist zwar durchaus real und nachweisbar, aber es ist, wie alles Reale, »arrangiert«. Dies aber nicht, wie Adler meint, von einer andern Stelle des Psychischen her, sondern metaphysisch und ethisch. Neurosen sind gehemmte Erkenntnis, die sich im Psychischen gleichnishaft abdrückt. Erkenntnis nicht von diesem und jenem, auch nicht Selbsterkenntnis, sondern Erkenntnis vom Wirklichen wie es Plato meint. Diese Erkenntnis ist ein »Vorgang der Natur« oder ein »reines Ereignis der Natur«, und wo gehobelt wird, da fliegen Späne. Und es wird gehobelt.

Wer also heilen will und die Sache psychologisch anfaßt, der wird aus Zufall einen Erfolg haben (wir werden bald sehen, woher dieser Zufall stammt); wer die Sache aber von der Metaphysik und Ethik her anfängt, der heilt mit der Sicherheit der Sakramente (vorausgesetzt, daß er so »anfangen« kann). Wir werden bald die Stelle finden, wo die Heilung mit Notwendigkeit erfolgt.

Nihil est in subjecto, quid non sit in objecto. Dieser Satz – ich bilde ihn einem Abkömmling aus Aristotelischem Gedankengut nach – heißt auf Deutsch »Nichts ist im Subjekte, was nicht im Objekte ist« und zeigt sich beim ersten Anblick als vollkommen paradox. Denn solange Subjekt und Objekt das ist, was das heutige Denken darunter versteht, solange kann er unmöglich gelten. Objekt ist hier die Summe der tatsächlich realen Dinge und Subjekt das, was sie betrachtet und bedenkt. In der nüchtern angesehenen Welt der irdischen Dinge müssen die beiden genau aufeinanderstimmen, und wenn da jemand phantasiert, träumt und schwärmt, so nennt man das »subjektiv« und es hat keine Giltigkeit. Indessen auf diese Situation hat der Satz keinen Bezug. Er ist ein *transcendenter* Satz, das will sagen, einer der überschreitet. Solche Überschreitungen geschehen immer, oder doch wenigstens gern, dort, wo die Worte plötzlich ihren Ursinn erfahren, wo also »objectum« das »Sich Entgegenwerfende« und »subjectum« das »Unterworfene« heißt. Also nicht die geschaffene Natur präsentiert sich dem wißbegierigen Auge, sondern die schaffende wirbt um das erkennende. Der Kosmos versucht, den Erkenntnisprozeß zu fördern, und das geschieht mit Erfolg immer nur im substanziellen Wissen, das heißt in jener genialen Zone der Menschheit, die vom Anfang der Dinge da war und einzig und allein im Besitze der Wissenschaft ist. Hier wird Objekt zu Makrokosmos und Subjekt zu Mikrokosmos, oder, schopenhauerisch geredet, zum reinen willenlosen Subjekt der Erkenntnis. Kosmos aber ist niemals der Sternhimmel der Naturwissenschaft, im Vergleich zu dem der Mensch (einschließlich Erde – es kommt nicht darauf an) »ein Stäubchen« ist; sondern Kosmos ist das lebendige und leidende Wesen, das aus den beiden Kosmen *besteht* (wie die Elektrizität aus positiver und negativer Energie). Wo also das Wissen substanziell ist und noch deutlich die Polarität von Sprache und Schweigen enthält, da gilt der Satz, daß in ihm nichts enthalten sein kann, was nicht auch im Objekte seinen Vertreter hat. – Wenn also die heutige Menschheit von der Neurose heimgesucht wird, deren dominierendes Thema die Angst ist, so bedeutet das, daß auch der Makrokosmos beunruhigt ist; die Angst ist also *nicht* ein subjektives, psychologisches, unverbindliches Erlebnis, sondern sie ist der subjektive (mikrokosmische) Repräsentant einer wirklichen negativen Macht im Kosmos. Das Mittelalter nannte diese Macht geradezu und ohne Umschweife *den Teufel* und hat damit die ganze Wahrheit auf seiner Seite. Die heutige Zeit setzt den Teufel gern in Gänsefüßchen – das soll man nicht tun, sonst wird man von ihm geholt.

Dieser Angst unterliegt der Neurotiker, während der mit substanziellem Wissen Geladene, der ihre Herkunft übersieht, ihr gewachsen ist. Es mag sein, daß der Arzt die Mittel und Mittelchen der psychologischen Auflockerung, die wir heute haben, benutzt, und man kann sehr wohl mit einem Patienten stunden- und tagelang von seinen »psychischen Komplexen« reden: wenn er nur eines Tages merkt, daß der Arzt die ganze Zeit über von etwas ganz anderem geredet hat. Ein solcher Vorgang entzieht sich freilich ebenso der Beschreibung, wie der Nachahmung, denn er ist ein natürliches Monopol derer, die *von Natur* Arzt sind. Wer nicht substanzmäßig weiß, wovon er zu reden und wovon er zu schweigen hat, dem nützt die klügste Philosophie nichts; wem das Wort und das Schweigen nicht zur rechten Stunde einfällt, der ist zum Arzte verdorben, so oder so. Und wenn ein Unbegabter und Törichter, oder ein Gebildeter dieser Tage etwa diese Seiten liest und sich ihren Inhalt zu eigen macht, so wird er dadurch seine Unbegabtheit und Torheit nicht los, sondern er bleibt was er war, und hat lediglich seine Ansichten gewechselt, was er im übrigen schon häufig getan hat. Die geschaffene Natur kann nicht heilen, und sofern ich Geschöpf bin, bin ich stumpf wie ein Klotz und mein irdisches Ich ist nichtig und nicht der Rede wert. Wo ich aber *subjectum* bin, da bin ich auch der Macht teilhaftig, die im Objekte ist, die Kräfte der Natur stehen mir zur Verfügung, und also auch die heilenden, wenn ich von Natur ein Heilender bin. *Hic limes hic porta.* –

Der *Teufel* also ist wirklich, aber nicht in der gewirkten Natur, und man kann ruhig in den Wald gehen, man trifft ihn nicht. Seine Wirklichkeit liegt da, wo die Wirklichkeit seines ungenannten Gegenpols in der schaffenden Natur. Das ist die Tatsache, über die *Luther* sich so unerhört aufgeregt hat: die wirkliche Anwesenheit des Teufels in der Neurose und die wirkliche Anwesenheit des Leibes Christi im Sakrament des Abendmahls. Hier stehen wir dicht vor dem Tiefsten, und der Gang der Darstellung ist uns günstig gewesen. Wer der Meinung ist, daß im Sakrament – wenn es eintritt – Brot und Wein den Leib Christi »bedeuten«, der »hat einen anderen Geist« – jedenfalls keinen religiösen, sondern einen theologischen.

Die Neurose ist der Sendbote des Teufels im Subjekt. Sie lagert nicht im geschaffenen Subjekt (Gegenstand der Psychologie), sondern dort, wo es zu schaffen beginnt und im sonderlichen Tun begriffen ist. Die Neurose ist eingeklemmt zwischen beiden Teilen unserer Natur und läßt weder den einen noch den andern zur Ruhe kommen. Wenn die psychologische Theorie nun behauptet, sie »wurzele« in den infantilen Komplexen, so kann man nur sagen: gut gebrüllt, Löwe! Der Satz sagt soviel, wie jene, auch durchaus neuzeitliche Entdeckung, daß das Denken im menschlichen Gehirn »wurzele« und nicht etwa in der Milz. Und so wenig Gehirnphysiologie etwas über das *richtige* Denken, seinen Inhalt, sagen kann, so wenig kann die Psychologie etwas über die Bedeutung der Neurosen wissen oder von sich etwas zu ihrer Heilung tun. Die Neurose *läßt sich nieder* an dieser oder jener Stelle des Psychischen, das ist alles, was die Psychologie hier zu sagen hat.

Viertes Kapitel

INNERE GESCHICHTE DER PSYCHOANALYTISCHEN BEWEGUNG

Wie kommt es nun aber, daß Menschen — Ärzte — die völlig im Geiste der psychologischen Theorie der Neurose befangen sind, und also doch wirklich falsch denken, dennoch Heilerfolge zu verzeichnen haben? Ist es denn nicht so, daß nur eine richtige Theorie von einer Krankheit den Weg zu ihrer Beseitigung ebnet? Muß der Verfasser dieses Buches, das der Leser soeben zur Kenntnis nimmt, nicht der Meinung sein, daß nur diese, seine, Theorie zum Erfolg führt? Nein, er ist keineswegs dieser Meinung, sondern vielmehr der, daß die genaue Kenntnis dieses Buches nicht den geringsten Einfluß auf die Mehrung der Heilerfolge beim ärztlichen Leser ausübt, und auch nicht bei ihm, und daß umgekehrt ein Gegner dieser Ansicht sehr wohl ein bedeutender Arzt sein kann. Was einer im Kopf hat, und womöglich noch niederschreibt, das spricht vor der Hand noch nicht gegen ihn, wenn er nur sonst der rechte Mann ist. Man kann im Intellekte tolerant sein, wenn man es nur in der Substanz nicht ist; (das ist auch der Sinn der Toleranz des Großen Königs, der im übrigen, was die Substanz, also hier die Abstammung, anbetraf, durchaus nicht mit sich reden ließ).

Eine Zeitlang waren die psychoanalytischen Ärzte die rechten Männer, und sie können es natürlich heute noch sein, vorausgesetzt, daß sie inzwischen den Zusammenbruch ihrer Theorie zur Kenntnis genommen haben. Sie werden dadurch einen besonderen Gewinn für ihre Fähigkeiten erfahren. Anders steht es mit denjenigen, denen die falsche Theorie in den Charakter gefahren ist. So etwas tut sie ja nicht umsonst. Von diesen wird der allgemeine Durchschnitt in wenigen Jahren die Rolle spielen, die heute ein ausrangierter Monistenhäuptling im Geistesleben der Nation versieht; die ernsten unter ihnen aber werden den dunklen Weg suchen, der durch die zwei schweren Selbstmordfälle (und einen von Mord) gezeichnet ist, den die Schule Freud in dichter Nähe des Meisters aufzuweisen hat. Die »Zusammenbrüche« hochberühmter psychoanalytischer Ärzte, besonders germanischer Rasse, von denen man fortwährend hört, sind hierfür weitere warnende Wetterzeichen. – Um diese Dinge zu beleuchten, lohnt es sich, einen Blick auf die innere Geschichte der Bewegung zu werfen.

Ich verstehe unter »innerer Geschichte« jenen roten Faden, der teils latent, teils manifest verläuft, und der das Wesen einer Sache bezeichnet, wie die Kurve des Barometers das Wetter. Der rote Faden beginnt ganz eindeutig bei Sigmund Freud. Es herrscht keine Meinungsverschiedenheit darüber, wer der Gründer der Psychoanalyse ist. Freud hat die ganze Sache gefunden und die ganze Wissenschaft bei seinen Lebzeiten von Anfang bis zum Ende geführt. Das ist ein seltenes, ja einzigartiges Phänomen. Eine ganze neue Wissenschaft innerhalb zwanzig Jahren von Anfang bis zu ihrem Ende. Ich sage »Ende«, weil wir die Gestalt dieser Wissenschaft durchaus und vollkommen übersehen. Sie liegt rund und abgeschlossen vor uns, ganz gleichgültig, ob sie sich in ihrer eignen Ebene noch bis ins Unendliche ausdehnen kann. Eine Kugel ist endlich in bezug auf ihre Gestalt, unendlich aber ist der Weg, den man auf ihrer Oberfläche zurücklegen kann. In keiner Wissenschaft ist es vorgekommen, daß der Name ihres Gründers so völlig überragend vor allen übrigen doch sonst durchaus achtbaren Mitarbeitern dastand. Man kann in Streit geraten, wer der Gründer der Chemie sei, man kann aber nicht in Streit geraten, wer der Gründer der Psychoanalyse ist. Der eilige Ablauf dieser Wissenschaft hat natürlich zu anderen Beschleunigungen, die sich notgedrungen in dieser Zeit abspielen, eine tiefe innere Beziehung.

Jede Wissenschaft beginnt mit einem Schöpfungsakt, und der Schöpfungsakt der Psychoanalyse haftet an der Person Freuds. Man muß diese Person einreihen, um zu wissen, mit wem man es zu tun hat und mit wem *nicht*. Viele seiner Anhänger gebrauchen Wendungen wie diese: »Schon Schopenhauer hat gesagt, daß ... Freud aber hat gefunden, daß ... usw.« Wer so spricht, verrät damit, daß ihm das Gefühl für geistige Distanzen abgeht. Schopenhauer oder Kant oder Nietzsche oder Spinoza haben immer das *Ganze* der Welt zum Thema, reden *nur* von ihm, sind also Philosophen. Wer vom Ganzen spricht (das ja *zuerst* da war) spricht immer eine Dimension mehr als jemand, der von den Teilen redet. Zwischen Schopenhauer und Freud gibt es daher überhaupt keine Brücke; sie haben von vornherein ein gänzlich anderes Thema; dort, wo sie »dasselbe« sagen *ist* es nicht dasselbe. Daher hat auch Freud niemals etwas »fortgesetzt«, was Schopenhauer »nur geahnt« hat. Der Philosoph, sofern er im Besitz des substanziellen Wissens ist, weiß immer das Ganze, und wenn er in den Teilen unwissend ist, so weiß er doch grundsätzlich mehr, als jemand, der in den Teilen wissend ist. Diese ganze Vermischung ist also von vorneherein unglücklich und ein typischer Jüngerfauxpas. Der Meister macht das nicht mit. Dagegen gehört Freud zu den *Entdeckern,* die ihr Gebiet haben. Er ist ein ordnender Geist und hat eine bestimmte Ähnlichkeit etwa mit Isaak Newton. Wir werden gleich das Manco sehen, das er ihm gegenüber aufweist.

Zu diesen Zwecken versuchen wir, in den Schöpfungsakt einzudringen und benutzen dabei den zum erstenmal in der »Deutschen Renaissance« aufgeworfenen Unterschied zwischen dem *actus nascendi* und dem *actus demonstrandi.* Man sollte bei aller künftigen Forschung auf dem Gebiete der Philosophie und Wissenschaft nicht mehr danach fragen »woher hat er diesen Gedanken (gestohlen?)«, »auf wem baut er auf?«, sondern man sollte vielmehr in Gedanken folgendes Experiment anstellen: man denke sich alles fort, was ein großer Mann aufgeschrieben hat, das heißt, man subtrahiere vom ganzen Phänomen den *actus demonstrandi*, man stelle sich also vor, daß ein Entdecker, Verkünder, Dichter, Philosoph kurz davor steht, zur Feder zu greifen, und es schließlich *nicht tut*, sondern vielmehr die Gedankenwelt, von der er bedrückt wird, in sich selbst wortlos zurückversenkt. Man mißverstehe mich nicht: ich komme hier nicht etwa auf den Typus dessen, der »eigentlich gern möchte«, aber nicht kann, sondern ich rede vom Genie, welches *kann*, aber nicht tut. Wir haben in der Gestalt des großen Lionardo fast ein Musterbeispiel für dieses Experiment. Fühlen wir uns nun, indem wir uns in einen solchen Genie-Torso meditativ versenken, in die Situation hinein, die *vor* dem *actus demonstrandi* liegt, so spüren wir unmittelbar die *reine historische Kraft*, die in einem solchen Manne wirkt. Alle also entwerteten Genien der Menschheit entlarven sich so als Sendlinge uralter historischer Mächte und mythologischer Gestalten, die in der Urgeschichte wirken und eine ganz eindeutige Tendenz haben (in Klammern: was heißt »vorurteilslose Wissenschaft...?«). Bei diesem Experiment benutzen wir zum Beispiel auch Freuds Unterscheidung zwischen manifestem und latentem Trauminhalt und reden jetzt vom latenten. Wie sich verdrängte sexuelle Wünsche in Fehlleistungen und Symptomhandlungen verraten, so verraten sich auch verdrängte historische Tendenzen. Oder ist es keine Symptomhandlung des historischen Characters, wenn als Leitwort zur »Traumdeutung« jener Vers aus dem Vergil erscheint, in welchem, auf sich angewandt, der Verfasser darüber klagt, daß er zwar die Götter nicht stürzen könne – dafür aber nun die Mächte der Unterwelt bewegen wolle? Wir sehen hier deutlich den Pferdefuß aus der Wissenschaft ragen. Indessen der vornehme und gütige Mann weiß das ganz sicher nicht, er weiß es so wenig, wie der fromme Darwin es wußte, daß er nach seinem

Hymnus auf die Höherentwicklung der Menschheit an einer gewissen Stelle, die alle Welt überliest, ihren völlig hoffnungslosen Zustand deutlich ausspricht und damit ein unbewußtes Bekenntnis zum Christentum vollzieht.

Jener pferdefüßige Einschlag wirkt in der ganzen heimlichen Geschichte der psychoanalytischen Bewegung fort. Als der erste Akt einer deutlich wahrnehmbaren *secessio germanica* sich vollzog (die Abwanderung Jungs), versprach sich in der Diskussion ein Freudschüler und brachte damit einen damals noch ziemlich festsitzenden Stein ins Rollen: »Rassen wir«, sagte er, »diese Dinge auf sich beruhen.« –

Das Genie ist immer gänzlich anders geartet als jeder nachfolgende Jünger. Prioritätsfragen verstummen vor der Wichtigkeit des Berufungspunktes. Alle Nachfolgenden oder Vorweggewesenen, die es immer »schon längst gesagt« haben, – das ist eine alte Geschichte. Aber es ist in ihnen kein Würfel gefallen; und nur darauf kommt es an. Durch diesen inneren Würfelfall unterscheidet sich Freud von jedem seiner Anhänger. Es gibt eben Menschen, in denen das Schicksal klingt, und es gibt andere, die viel verdienstvoller, viel besser, reiner, edler sein mögen, und an denen das Schicksal vorbeigeht. Hier hilft kein Zetern nach Gerechtigkeit. Und selbst für den Fall, daß bestimmte geistige Inhalte durch Diebstahl vom Andern erworben wurden, so verschlägt das nichts. Der Berufene kommt immer durch und kann aushalten. Menschengerechtigkeit ist hier nicht die entscheidende Instanz. Und so kann man ruhig darauf wetten, daß alle kleinen Querköpfe, bis herab zu Iwan Bloch auf die Dauer kapitulieren werden müssen; kein Hund wird auf ihrem Grabe bellen.

Eine andere Frage, und die einzige, die wirklich eine Frage ist, geht dahin, wie das Genie den Erkenntnisakt, der sich bei ihm vollzog, verwendet. Alles schon Ausgesprochene ist bereits nicht mehr der Erkenntnisakt selber. Das Wortgewordene ist mit dem menschlichen Jargon verbunden und hat damit die Hauptkraft eingebüßt. Erkenntnis ist nur dort »reines Ereignis der Natur«, wo sie *vor* der Niederlegung in Worte steht. Erkenntnis kann sich garnicht aussprechen, sondern nur ereignen. Das Sichereignen ist die reine dynamische Kategorie der Erkenntnis, alles andere ist Wissenschaft zweiten Grades, *doxa platonica*. Wo ich gesprochen habe, da habe ich geschändet. Darum ist nur der geniale Mensch in einem metaphysischen Sinne des Wortes sündig, während die andern, die ja garnicht wissen, was sie tun, in hohem Grade unschuldig sind. Nur der geniale Mensch kann in Wahrheit die Schuld auf sich nehmen, die andern haben kein Gewicht. Hierin zeigt sich nun der Character eines schlechthin großen Geistes, daß er diese Schuld wenigstens spürt, während der geringe nach seiner Produktion gar noch an seine Verdienste glaubt und sich der Menschheit verpflichtet fühlt.

Hier hapert es bei Freud, und an dieser Stelle kann man deutlich das Rangverhältnis festlegen, in welchem er zum Beispiel zu Isaak Newton steht.

Wir wissen aus dessen Leben (sein Biograph Brewster berichtet ausführlich davon), daß er nach Abfassung seines großen Werkes über die Schwerkraft und die mathematischen Prinzipien der Mechanik, sich theologischen Studien ergab. Weiterhin wird berichtet, daß er einer vorübergehenden geistigen Umnachtung anheimfiel. Was diese anbetrifft, so ist die Nacht des Genies allemal etwas anderes, als die Nacht der Schlafmützen; wir können sie übergehen. Seine theologischen Studien aber standen unter folgendem Leitgedanken: für das gemeine Auge ist die Welt der Gestirne widerspruchsvoll und unentwirrbar; es scheint hier nichts mit rechten Dingen zuzugehen. Wenn man aber das Gravitationsgesetz kennt, zudem von den Taten der Copernicus, Kepler, Galilei gehört hat, so ist auf einmal alles sinnvoll geordnet; ebenso steht es mit der Heiligen Schrift, der zweiten Offenbarung Gottes. Sie erscheint dem Laien vielfach als ein wirrer Haufen von Widersprüchen; wenn man aber den rechten Punkt gefunden hat – die geheime Gravitation – so entwirrt sich die Bibel ebenso als ein weislich Geordnetes, an dem kein Jota mangelt. Hierbei ist zu bemerken, daß die Bibel ebenso wie der Himmel nach den scheinbaren und den wirklichen Bewegungen zu betrachten ist, daß es Vordergründe und Hintergründe gibt, ausgesprochne und unausgesprochne Dinge. Newton ging an das Werk der Bibeldeutung und schrieb unter anderen die Bücher über die Prophezeiung des Daniel und die Offenbarung Johannis. Die heutige Wissenschaft (zweiten Grades), besonders die Lexica, bezeichnen diese Werke als pure Mystifikationen.

Welches erstaunliche Phänomen liegt hier vor? Das unausweichliche Kriterium des schlechthin großen Geistes meldet sich. Newton benutzt seine Entdeckung des Gravitationsgesetzes, die ihn fast den Verstand gekostet hat, *lediglich als Gleichnis.* Er hat keine Beziehung zu den Newtonianern. Diese verwenden seine Entdeckung zur Befriedigung der menschlichen Neugier. (»Fortschritt der Wissenschaft« und andere Fatalitäten.) Mit dieser gleichnishaften Benutzung bekommt Newton einen ganz anderen Blick als seine Schüler, er sieht nämlich *quer* durch die gesamten Erkenntnisniederschläge hindurch und kommt sogar soweit, die Stelle zu sehen, an der wohl Erkenntnis ist, nicht aber Niederschlagsfähigkeit. *Hoc signum ingenii.*

In solchen Männern geschieht es dann, daß die Erkenntnis als reines Ereignis der Natur sich in einer gewissen Stetigkeit meldet und die Substanz bereichert, während alle diejenigen, die ihr eignes Werk benutzen, um es der Öffentlichkeit dauernd weiter zu demonstrieren, in den umgekehrten Fall geraten, daß sich ihnen die Erkenntnispforte verschließt. Lionardo da Vinci ist dieser Gefahr von allen Sterblichen, die uns bekannt sind (aber es sind ja nur die bekannt, die schreiben und malen!) am meisten entronnen; er war immer durchaus fertig mit seinem Werk, wenn er es sich bewiesen hatte, daß er es konnte.

Die Spuren einer solchen Haltung sind nun zweifellos auch bei Freud vorhanden. Zum verschwiegenen Entsetzen seiner orthodoxen Jünger hat er in seinem hohen Alter metaphysische Schriften verfaßt. Man nannte sie zwar schonungsvoll »metapsychologische«, hoffend daß bei diesem neuen Wortgebilde der Bestandteil »psychologisch« stärker wirken werde, als das »meta«. Aber es hilft nichts: die Sache ist dieselbe. Man wird bei diesen Schriften zweifellos niemals in die Lage kommen, sie für seine bedeutendsten zu halten, aber darauf kommt es nicht an, sondern nur auf die Tatsache, daß sie geschrieben wurden. Es wäre auch durchaus nicht verwunderlich, wenn Freud etwa sich später noch dem Studium der Kabballa widmen würde; wundern würden sich darüber wieder nur seine Anhänger, deren tiefe Ahnungslosigkeit wiederum bewundernswert ist. Indessen es liegt bei Freud wirklich nur ein Fragment des Vorganges vor, wie er sich bei Newton abspielte. Daß es einen andern Geist als den metaphysischen nun einmal nicht gibt und daß der sogenannte naturwissenschaftliche eben nur gerade ein Angestellter ist, das ist Freud immerhin irgendwann einmal zu Bewußtsein gekommen. Seine Jünger glauben ihn zu schonen, wenn sie von jenen Schriften nicht sprechen, aber natürlich ist es umgekehrt: der Meister schont seine Jünger.

Wenn einem bedeutenden Mann des hiesigen Zeitalters und der hiesigen Lokalität eine Entdeckung gelingt, so ist es fast unausweichlich, daß er darauf hin in bestimmte nun einmal seit Langem ausgefahrene Geleise einläuft und seine Entdeckung »verwendet«. Es wird immer sofort an die Mitmenschheit gedacht, der unbedingt geholfen werden muß. Man nennt dieses Streben nach unendlicher Betätigung seit einiger Zeit »faustisch«. Zwei Wege sind hier vor allem gangbar: der humanitäre und der industrielle. Den humanitären geht der bedeutende *Emile Coué,* der die geheime Substanzverbundenheit seines Heilmittels nicht sieht und auch einiges andere nicht. Dieser freundliche Südfranzose ist von dem Gedanken besessen, daß durch seine Methode, wenn sie nur überall eingeführt würde, die Krankenanstalten und Irrenhäuser, sowie die Gefängnisse evacuiert werden würden. Dieses naive Stolpern über die Erbsünde und die anschließenden Grundphänomene des Lebens ist typisch für einen geheimen Abkömmling der französischen Encyklopädisten, der noch dazu nicht ahnt, daß er katholische Priestermedizin treibt. Freud, der Mediziner, ist sachlicher und illusionslos; er wählt den industriellen Weg, den jeder seiner Berufsgenossen geht, dem etwa die Erfindung eines neuen Präparates glückte. Er arbeitet mit dem System der zwei Kreise, dem ärztlichen und dem Laienkreis. Im ärztlichen wird bei möglichst strenger Klausur lediglich die Methode ausgearbeitet; der Jargon ist streng medizinisch, die Forschungsergebnisse haben immer nur das eine Ziel: den Neurotiker in ein nützliches Mitglied der menschlichen Gesellschaft zu verwandeln. Der Laienkreis dagegen, der sehr viel größer ist, hat die Aufgabe, die Öffentlichkeit auf die Neurosen aufmerksam zu machen und vor allem – sie zu erzeugen. Der Laienkreis ist der eigentliche Träger der psychoanalytischen Bewegung, er ist das, was in der Industrie die Reklameabteilung ist. Er steht unter dem Motto: Anwendung der Psychoanalyse auf die Geisteswissenschaften. Gewissermaßen wird der Laie hier dazu benutzt, in die Front geschickt zu werden, und dort eben die Denkfehler zu begehen, die zur Entfachung einer Volksbewegung nun einmal nötig sind. Denn hier entstand jene nicht mehr einzudämmende Flut von psychoanalytischer Litteratur, die durchweg auf dem einen Denkfehler beruht, daß es sich hier um Erschließung der menschlichen Seelentiefe handle. Aber sie ist doch nichts, als psychische Terrainspekulation. Diese Bewegung wurde der Träger jener zugkräftigen Gedankengänge wie: »Die Religion ist nichts weiter als Vaterkomplex«, »Die Sündevorstellung ist nichts weiter als mißlungene Sexualverdrängung«. Wenn alle Menschen rechtzeitig »durchanalysiert« würden, so kämen »solche Dinge, auch der Krieg, nicht mehr vor«. Die ganze Hemmungslosigkeit einer ins Selbstdenken geratenen Halbbildung tut sich hier breit und bleibt solange auf dem Plan, bis eine neue Mode das Manco an philosophischer Schulung überdeckt. Das Gewicht sowohl, wie der innere Aufbau dieser Bewegung ist genau der gleiche, wie der des »Monismus«; und so gewiß das Werk Darwins nur Bedeutung hat in der Hand der Philosophie, so gewiß bekommt das Werk Freuds nur dort einen Sinn, wo ein überlegener Geist die Symbolik seines inneren Aufbaues versteht und sich zu Nutze macht. »Anwendung der Psychoanalyse auf die Geisteswissenschaften« geht nur von der Geisteswissenschaft her, nicht aber von der Psychoanalyse. Die Psychologie kann den Geist nicht beleuchten, denn sie hat kein eignes Licht. Wenn man von einem Dichter und seinem Werke redet, so gibt es immer nur *eine* regierende Frage, nämlich die, ob er ein Dichter ist; für diese gibt es Maaßstäbe, und die Philosophie ist in ihrem Besitz. Die andere Frage aber, wie er zu seinem Werke gekommen ist, und wie es sich in sein Leben einbaut, also die psychologische, ist nur von Interesse, wenn sie von der Philosophie dieses Interesses gewürdigt wird. Die menschliche Seele ist nicht schöpferisch.

Dennoch kann man von einer Blüteperiode der psychoanalytischen Bewegung sprechen. Sie fällt in die Zeit, als zum erstenmal die Entdeckungen Freuds auf einen sehr bereiten Boden fielen. Die alte Psychiatrie hatte sich vollkommen versackt; sie stand ratlos dem Phänomen der Neurosen gegenüber, die Ärzte mußten ihre Patienten, die über allerhand organisch unerfindliche Krankheiten klagten, mit der wenig sagenden Antwort abspeisen »das seien eben die Nerven«. Hier war es eine Erleuchtung, als die ersten Schriften Freuds erschienen und den Ärzten die psychokausale Seite der Phänomene aufdeckten; und wo es etwas zu erleuchten gab, da leuchtete es auf. Aber auch wirklich nur dort. Unter den Ärzten befindet sich stets eine gewisse Anzahl, die von Natur zum Arzte geboren sind und daher aus innerem Bedürfnis die Heilkunde betreiben; diese machen die Heilungsvorgänge — mögen sie sie intellektuell noch so schlecht deuten — doch eben innerlich mit und reichern sich an. Sie werden beunruhigt vom Heilungsprozeß, der ihnen kein bloßes Geschäft ist, das seinen Mann nährt, und so finden sie irgendwie stumm in ihrem Innern den heimlichen Gang zu den alten Asklepieien zurück. Solche Ärzte konnten erleuchtet werden, indem sie die Freudschen Entdeckungen aufnahmen; sie verwandten sie zunächst direkt, dann aber immer mehr in gleichnishafter Weise. Das wird immer so bleiben. Jede Entdeckung hat die Fähigkeit, jenen gleichnishaften Vorgang auszulösen, es kommt nur darauf an, wo es etwas auszulösen gibt. Und so konnte man denn tatsächlich beobachten, daß die Ärzte, die in der ersten Zeit die Entdeckung frisch aufnahmen, eine ganz unzweifelhafte Überlegenheit über ihre Kollegen bekamen. Mit einem einzigen kurzen Ruck wurde die alte ratlose Psychiatrie über den Haufen geworfen, und der liegt heute noch da. Denn was sind alle Psychiater und Sexualforscher zusammen gegen den einen Freud! Sie sind ebenso in der Versenkung verschwunden, wie etwa die cartesianische Wirbeltheorie gegenüber der Gravitationslehre Newtons. Hinzu kam die gute deutsche Sprache, über die Freud verfügte und die ihm keiner seiner Schüler nachmachte. So entstand in der ersten Zeit ein überlegenes Ärztegeschlecht. Aber nur soweit reicht der Stoß. Ihre überlegene Erkenntnis, ihre dadurch gesteigerte Heilungsbegabung war es, was heilte, nicht die »Methode«.

Die Sache ist nun so weiter gegangen, daß *einige* dieser Ärzte, nämlich die von der Natur zum Arzte bestimmten, jenen »alchimistischen Prozeß« von dem im ersten Kapitel die Rede war, an sich erfuhren. Sie, die das Gleichnishafte heimlich verstanden, wurden durch die Wissenschaft veredelt, denn sie gingen innerlich mit. Aber *nicht* mit der »Wissenschaft«, die sich im Laufe der Jahre nicht genug tun konnte, sich weiter zu demonstrieren, und die daher immer langweiliger wurde, sondern mit dem Schöpfungsakt der Erkenntnis und den Heilungsvorgängen. Jene Ärzte machten also einen ähnlichen Prozeß durch, wie Freud selbst in seinen metaphysischen Schriften — sie schieden aber naturgemäß aus der »Bewegung« aus. Das latente Phänomen trennte sich vom manifesten — und dieses manifestierte weiter.

Für diese Bewegung kann man ohne Gefahr den paradoxen Satz aufstellen: Die Heilerfolge *nahmen ab*, je mehr sich die »Methode vervollkommnete«. Denn was heißt denn das »Vervollkommnung der Methode«? Doch nichts anderes, als das Zugänglichmachen an die Unbegabten. Von dem Augenblicke an, wo man diesen Plan faßte, ein typisch industrieller Plan, war das Phänomen der *Überlegenheit*, also das Grundlegende an der Heilkunde, an den Umkreis gedrängt, und in den Mittelpunkt rückte die erlernbare Methode. Jeder Beliebige kann also die Psychoanalyse sich zu eigen machen, wie es ja überhaupt die Überzeugung der heutigen Zeit ist, daß jeder Beliebige Arzt sein kann. Von diesem Augenblicke an ist der Untergang der »Bewegung« sicher gestellt. Die therapeutische Indifferenz der Analyse tritt ans Tageslicht. Jener *Stoß* aber, der in der ersten Zeit von Freud ausging, geht *unterirdisch* weiter, also *nicht* in der manifesten Bewegung; er wird weitergetragen von denjenigen, die von Natur Arzt sind und die es vermögen, die alchimistische Wandlung an sich selber durchzuführen.

Jene therapeutische Indifferenz der Analyse wird aufgehoben nach oben durch die überlegene Persönlichkeit des Arztes, der, die Methode in einer unbewußt symbolischen Art verwendend, Verfügung über den Heilsvorgang hat. Wo diese Verwendung versagt, da bleibt die Indifferenz bestehen; man erlebt dann jene monatelang andauernden kostspieligen »Analysen«, bei denen viel herauskommt, nur keine Heilung. Oder sie schlägt gar nach unten aus. Wie aus der edlen und klaren Sprache Freuds der widerwärtige Jargon der heutigen psychoanalytischen Litteratur geworden ist, so wird aus der überlegenen Heilshaltung des geborenen Arztes die mechanistisch industrielle Methode, die jeder kann, auch der, der alles andere gedenkt, als an sich einen Aufschwung der Erkenntnis zu bereiten. Werden die verkrampften und verschlungenen Gefühlsgänge der Neurose von einem Arzte angeredet, der dem Phänomen nicht gewachsen ist, so kann der Kranke wohl *gegen* den Arzt gesund werden, indem er seine letzten guten Geister gegen diese Art von der »Seele« zu reden und »tief« zu sein zu hilfe ruft. Das *kann* sein; aber es gibt auch andere Fälle. Und das sind die, in denen die guten Geister nicht mehr reden, weil sie von einer verworfenen Sprache »analysiert« worden sind. Hier mahnen die Selbstmordfälle zur Umkehr. *Acheronta movebo* ...

Die innere Schwierigkeit, in der sich die Bewegung befindet, wird natürlich seit langem von ihren besseren Trägern bemerkt, und so macht sich denn auch eine deutliche Reformbedürftigkeit geltend. Man will verjüngen, veredeln, vertiefen, fortführen, eine neue Phase *derselben* Bewegung beginnen. Sehr deutlich wahrnehmbar ist auch im Zusammenhang mit diesem Erneuerungswillen jenes Phänomen der *secessio germanica*, von der schon früher die Rede war. Denn es besteht ja kein Zweifel über die Herkunft des Gedankengutes, das sich hier meldet. Nun sind Psychoanalytiker im allgemeinen recht unbewußte Menschen; das will heißen, sie haben eine *bestimmte* Rubrik des Unbewußten, nämlich das Sexuell-Psychische haarscharf beleuchtet, wodurch aber andere Teile um so mehr ins Dunkel gerieten. Unter diesen spielt etwa das Historische, das Religiöse und das Eschatologische eine führende Rolle.

Wie viel Bewußtheit vom Welt*ganzen* einem Menschen zu Teil wird, das steht eben außerhalb seiner individuellen Macht, und keine noch so sorgsame psychische Analyse schützt den Einzelnen davor, in allen wirklich wichtigen Dingen ein ahnungsloser, aber keineswegs reiner Tor zu sein. Das Bewußtsein vom Ganzen der Welt wird vom Kosmos freigegeben und zwar nach einem sehr eigenen Plan, der durchaus nicht vom Menschen her durchkreuzt werden kann. Zu dieser Rolle der ahnungslosen Toren eignen sich nun am allermeisten die germanischen Mitglieder der Bewegung. Es nützt ja nichts, geistreich und »tief« zu sein im Anschluß an die Bewegung; der Geist kommt immer von oben und richtet. Es handelt sich nicht darum, *auch* philosophisch zu sein, sondern es handelt sich um die Alleinherrschaft der Philosophie. Wer in einer Ebene mit der Psychologie denkt und redet, der ist von ihr befangen; der Geist aber steht immer *senkrecht dazu.* Es nützt nichts, antisemitische Instinkte zu haben, es nützt auch nichts, antisemitisch zu denken: das Judentum hat sich bisher immer als die stärkere Macht bewiesen, und man ist am meisten von ihm umstrickt, wenn man gegen es kämpft. Nur *eine* Achsendrehung gibt es hier, nur *einen* Ruck und es ist alles geschehen. Wer ihn wirklich bei sich vollzieht, der ruft die Genossen nicht auf zur Verjüngung des Geistes, sondern ist selber ein freier Mann. Der freie Mann aber verbündet sich nicht mit dem Volk. Es gibt nur Herren und Knechte.

Die psychoanalytische Bewegung ist am Ende; sie ist es um so mehr, je mehr sie sich bewegt. Es ist zu verstehen, wenn Menschen, die die Unterhaltung lieben, sich gern wieder etwas von ihren »Fortschritten« erzählen lassen; das wird noch lange so bleiben, denn was einmal leben will, das findet lange genug Ausflüchte. Sollte aber hinter jener Abwanderung doch etwas Ernstes stecken — und manches spricht dafür — so kann dieses Ernste nur geschehen durch einen deutlichen Akt der Erkenntnis, der nie wieder rückgängig gemacht werden kann. Dieser Akt muß von der Art sein wie der Isaak Newtons, der sein ganzes Werk nur symbolisch nahm. Das will sagen: der Stoß geht *unterirdisch* weiter.

Fünftes Kapitel

DER PATHOLOGISCHE ORT

Wenn wir im Hippokrates oder in einem Lehrbuch der modernen Medizin lesen, so finden wir dort die Beschreibungen und die Heilungsvorschläge von Krankheiten, die erfahrungsgemäß bereits einmal eingetreten sind und die auch immer wieder eintreten können. In den theoretischen Erwägungen dieser Bücher findet man wohl auch Gedanken darüber, wann und warum sie eintreten, wer die »Erreger« oder die »Ursachen« der Krankheiten sind: man wird aber vergeblich nach einer bündigen Erklärung darüber suchen, wann sie *notwendig* eintreten müssen, und das will sagen, wozu sie *gehören.* Tuberkelbazillen sind harmlose Tiere; sie können nur dann die Tuberkulose erregen, wenn etwas zu erregen da ist. Das aber ist eine Sache des Subjektes. – Wenn ich der Krankheit die Pforten öffne, dann werde ich krank. Millionen von Tuberkelbazillen atme ich täglich ein, aber ich werde nur dann krank, wenn eine bestimmte Stelle meines Unbewußten den Griff an die Krankheitspforte tut. Geschieht dieser Griff, so werde ich mit Notwendigkeit krank, so ähnlich, wie ich beim Zeichnen eines Dreieckes mit Notwendigkeit zwei Rechte Winkel in den Raum nehme. Und zwar erwerbe ich mir diejenige Krankheit, auf die ich gestimmt bin. So wie im Sumpfe kein Edelweiß wächst und auf dem Berge keine caltha palustris, so werde ich mir nur die Krankheit erwerben, gegen die ich nicht gefeit bin. Hat sie mich aber ergriffen, so stehen mir zu ihrer Abwehr zwei Wege frei: entweder ich begebe mich in die Behandlung der Ärzte aus der Schule des Hippokrates. Diese werden nach der bisherigen Erfahrung nach bestem Wissen die Mittel anwenden, die sich auch sonst bewährt haben; sie gehen nach dem Gesetz von Ursache und Wirkung, welche sie gegeneinander ausspielen. Da sie aber die Ursachenkette nur teilweise kennen, so ist der Rock immer zu kurz. Das Stück, das übrigbleibt, muß dann gewöhnlich durch die »gute Natur« übersprungen werden. Dieses Stück, das übrigbleibt, folgt aber der Kausalität nicht in der Form von Ursache und Wirkung, sondern in der des Seinsgrundes. Schopenhauer würde hier den Finger hinlegen wie bei seinem Versuch, die euklidische Geometrie rein anschaulich zu demonstrieren.

Gebildete Ärzte haben natürlich schon immer gewußt, daß das Zustandekommen einer Krankheit von zwei Faktoren abhängig ist, und den zweiten, oder vielmehr den ersten, nannten sie die »Disposition«. Aber sie haben davon wiederum eine rein physiologische Vorstellung; sie stammt aus ihrem Bilde vom »gesunden Menschen«. Der heutige Mediziner glaubt an einen ursprünglich vorhandenen unpathologischen Menschen, von welchem der kranke eine Abwandlung ist, die eigentlich nicht vorkommen sollte. So entstand der hygienische Mensch, der, wie hier gesagt sein möge, durch und durch ein unwirkliches Fabelwesen ist. Wenn wir ein Handbuch der Hygiene aufschlagen, so finden wir auf der ersten Seite den gesunden Normalmenschen, Männlein und Weiblein, mit aufklappbaren inneren Organen, für alle Krankheiten dispositionslos; dieser Mensch ist eine Konstruktion der Mediziner, den es nicht nur in der empirischen Wirklichkeit nicht gibt, sondern der auch metaphysisch, und als Typus gedacht, keinen Boden unter den Füßen hat. Der gesunde Idealmensch der Hygiene, der erbsündefreie, ist ein erdachtes Kunstprodukt der Medizin, lediglich zum Zwecke der Demonstration erfunden. Er ist in keiner Weise und von keiner Seite her verwandt etwa mit dem vollkommen schönen Menschen der Antike, wie er im Hermes des Praxiteles verkörpert ist; dieser Hermes stammt aus dem Wirklichen, nämlich aus der Schönheit, und hat metaphysisch Boden unter den Füßen.

Die antike Medizin des Hippokrates hatte für den rein physiologischen Begriff der Disposition den Ausdruck »katastasis«.

Obwohl dieses Wort, am Bau der griechischen Sprache gemessen, durchaus abstrakt ist, so möchte ich doch vermuten, daß mit dieser καταστασις noch etwas anderes, das aus der Tiefe stammt, gemeint war, denn wir können dem Hippokrates durch seine Herkunft zutrauen, daß er über die arrangierte Natur der physiologischen Disposition durchaus im Bilde war.

Wenn ich mich in die Hände der modernen Medizin begebe, so betrete ich das Gebiet der Wahrscheinlichkeit und der Hilfe. Ich werde in allen schwachen Stunden, und das sind die häufigsten, diesen Weg gehen. Es gibt aber einen anderen und das ist der der Notwendigkeit und der Heilung. Ich schließe die Pforte wieder, die ich der Krankheit geöffnet habe. Hier hat uns freilich das Bild von der Pforte bereits im Stich gelassen und auch das vom Dreieck, denn diese Pforte kann ich nicht so schließen, wie ich sie geöffnet habe. Kommt hinzu, daß das Subjekt »ich« in diesem Satze nicht das Ich ist, welches irdische Türen öffnet und schließt. Ich muß mich in die Nähe meines *pathologischen Ortes* begeben, um diesen Griff zu tun. Das aber erfordert tiefste Versenkung in mein Schicksal. Der pathologische Ort ist die Stelle in unserm Unbewußten, die die Krankheiten nach eigenem Gesetz ergreift und in unsern irdischen Character hineinzieht. Alle Krankheiten werden erst virulent durch die Tätigkeit des pathologischen Ortes. Es steht in meinem Willen eingeschrieben, ob ich krank werden muß oder nicht. Hier heißt aber »Wille« nicht bewußtes Wollen, sondern das, was Schopenhauer unter Willen versteht; und es ist eine der tiefsten Bemerkungen über die *Freiheit* des Willens, die je gefallen ist, wenn Schopenhauer sagt, diese Frage ginge nicht darum, ob ich tun kann, was ich will, sondern, ob ich wollen kann was ich will. Die Funktion des pathologischen Ortes zwingt die Krankheiten in die Erscheinung, so wie das Blut der geopferten Schafe in der Unterwelt die Schatten der Abgeschiedenen zum Wahrsagen bringt. Napoleon reitet unberührt durch das Pestlazarett von Jaffa; Perikles stirbt an der Pest von Athen.

Täuschen wir uns nicht darüber: das, was wir an der Seuche sehen, fühlen, schmecken, riechen, sind nur ihre Fußspuren; der Erkrankungsvorgang ist vorbei, wenn sich die Flecken zeigen. Mein Unbewußtes muß vorher mit dem Dämon, der die Seuche selber ist, ein Gespräch geführt haben, und in diesem Gespräch war ich der unterlegene Teil, wenn ich erkrankt bin. Napoleon hat die Pest in Jaffa richtig angeredet, Perikles die von Athen falsch (er hat übrigens zweifellos in seiner berühmten Leichenrede auf die Gefallenen zu viel vom Tode gesprochen). Wenn ich hier vom *richtigen Anreden* spreche, so meine ich nicht, daß man das mit Worten kann, die zur Verständigung unter Menschen bestimmt sind.

Das Bereich des pathologischen Ortes in unserm Unbewußten ist angefüllt von der *Schuld*, so wie das Bereich des Newtonischen Weltraumes angefüllt ist von der Schwerkraft und unter ihren Gesetzen steht. Doch mißverstehe man den Begriff der Schuld nicht. Wir haben es hier nicht mit dem moralischen Phänomen zu tun, sondern mit dem kosmischen, oder, wie man in der klassischen Philosophie sagt, dem metaphysischen. Schuld heißt hier nicht im irdischen Sinne schuldig sein, wie man etwa an einem Brande, an einem Diebstahl oder am Tode eines Menschen schuldig sein kann. So entfernt dem Augenscheine nach die Bewegung der Gestirne vom irdischen Fall eines Körpers ist, so entfernt ist die metaphysische Bedeutung von Schuld dem juristisch-moralischen. Sie ist so entfernt davon, daß uns der Mensch sogar in vollkommenem Maaße unschuldig erscheint und nichts uns vom Gegenteil überzeugen kann, kein Tatbestand gegen ihn zeugt, und er dennoch unter dem Gesetz von Schuld und Sühne steht durch seine bloße Existenz. Und diese macht ihn schuldig, sofern er Geschöpf ist, unschuldig, sofern er ganz »am Stamme der Natur«, das heißt in der Hand des Schöpfers liegt. Den Schöpfer aber können wir von einer bestimmten Stelle unseres Wesens aus unmittelbar erfahren. Der Mensch ist die Stelle in der Natur, an der sie selbst sich als schaffend (natura naturans) und Geschöpf (natura naturata) anzeigt.

In diesem Sinne also, sage ich, wird der pathologische Ort bestimmt vom Gesetze der Schuld. Wenn Schopenhauer in seiner bissigen Weise sagt: »warum sollte das Leben keine Schuld sein – es steht ja Todesstrafe darauf«, so ist das ungefähr das, was wir hier antreffen. Jeder Kranke, mag er leiden, woran er will, empfindet seine Krankheit in einer dumpfen Weise als Schuld; da er aber den irdisch-moralischen Begriff davon im Kopfe hat, wird ihm der metaphysische nicht klar, so wenig, wie jemandem die Bewegungen der Gestirne klar werden können, wenn er sich vom terestrischen Begriffe des Falles nicht frei machen kann; und so glaubt er denn den Ärzten, die ihm sagen: da könne er garnichts dafür. Die Ärzte sollen sich nicht auslachen lassen; sie mögen reden und demonstrieren, was sie wollen, aber in alle Ewigkeit *bleibt* das dumpfe Gefühl von Schuld, und es wird ihnen niemals glücken zu beweisen, daß die Syphilis etwas ganz natürliches sei, was jeder haben könne. Der Kranke weiß es besser. Die Geschlechtskrankheiten sind zweifellos deshalb in die Welt gekommen, damit sie den Menschen an diese Stelle seines wahren Wesens gemahnen, und sie werden diese Aufgabe erfüllen, und keine medizinische Gesellschaft und kein Industriekonzern wird dieses Ziel verkümmern können. Aber freilich: wer in der niedrigen Art der Pfaffen zu moralisieren beginnt, und den einzelnen Menschen wegen seiner »Schuld« abkanzelt und ihm das Leben verbittert, der verschlimmert die Krankheit nur und gleicht dabei Jemandem, der das Herunterpurzeln eines Ziegelsteines mit dem erhabenen Gang der Gestirne verwechselt. Es ist eine durchaus paradoxe Sache, daß beides in der Tat dasselbe ist und doch nicht dasselbe. Hier muß man richtig zu greifen verstehen, sonst ist man kein Arzt. Es kostet schon einen ganzen Mann zu begreifen: der Mensch ist schuldig und unschuldig in Einem.

Wir haben das Vorbild eines solchen Heilungsaktes höchster Instanz im Evangelium aufbewahrt. Es ist die berühmte Heilung des Gichtbrüchigen. Bei der Interpretation dieses Vorganges muß man bedenken, daß er uns nur fragmentarisch überliefert ist. Die innere Bedeutung bleibt verschlossen, wenn man nicht zu ergänzen versteht. Der Gichtbrüchige ist krank, er hat körperlich-empirische Schmerzen und kann nicht laufen. Durch dieses irdische Leid schimmert aber bereits etwas anderes hindurch, was Christus aufzunehmen versteht, sowie er ihm in die Augen sieht. Es ist das dumpfe Gefühl von Schuld. Wäre diese Schuld dem Bewußtsein des Kranken zugänglich, so könnte er sich wohl befreien; er tappt aber im Dunkeln und weiß es nicht. Da trifft ihn, aus der Tiefe des Sohnes kommend, der Blick Christi, und dieser spricht die rätselhaften Worte: »Deine Sünden sind dir vergeben« und dann: »Stehe auf und wandle!« Sein Blick hat sofort den pathologischen Ort übersehen und den Weg zur Sühne frei gelegt. Mit einem Schlage geschieht hier also, wozu ein Anderer, wenn er es überhaupt kann, lange und tiefe Versenkungen, in sich, in den Kranken und in den Vater nötig hat. Was aber hier geschieht, heißt, die Krankheit unmöglich machen. Der Erkenntnisvorgang, oder das Glaubensereignis, wenn man christlich spricht, reißt der Krankheit den Boden unter den Füßen weg und zwar ein für allemal. Nur *so* gibt es Heilung, alles andere ist nur Hilfe. Der Gichtbrüchige hat verstanden, was Schuld ist und weiß darum auch, was Sühne ist. Er kann aber beides niemanden mitteilen, denn es betrifft nur ihn selber. Der pathologische Ort liegt bei ihm so, wie bei keinem andern; er ist durchaus sein persönliches Schicksal. Die Krankheit gehört zur Schuld, wie die zwei rechten Winkel zum Dreieck; zur Schuld gehört die Sühne, wie zur Finsternis das Licht. Der so geheilte Kranke hat gar keine Verwandtschaft mit denen, die die weltliche Medizin des Hippokrates in Anspruch nahmen. Der Gichtbrüchige muß in seinem Tun eine Wandlung eintreten lassen, seine Handlungen werden sich anders gestalten, als die seiner Mitbürger, er wird sinnend »Sonderliches tun«, aber niemandem verraten, wie er dazu kommt. Die Begegnung der Blicke zwischen Christus und ihm ist ein unveräußerliches Geheimnis einmaliger Natur. Wer sich auf dem Wege des Hippokrates und der weltlichen Medizin heilen ließ, der ist nur froh, daß er mit einem blauen Auge davonkam, wird aber im übrigen handeln und denken, wie jeder andere Mitbürger auch. – Man kann daher wegen der verwegenen Einmaligkeit solcher wirklichen Heilungen das Verdienst des Hippokrates an der Menschheit nicht hoch genug veranschlagen.

Das was die alte Priestermedizin der Asklepiaden die »Sühnmittel und Zaubersprüche« nannte, sind Maaßnahmen, um das Schuldgefilde des pathologischen Ortes zu zerstreuen. Es gibt hier auch vorbeugende Maaßnahmen. Goethe erzählt in der »Kampagne in Frankreich« unter 7. und 8. October: »Zwischen ansteckende Kranke gepackt, wußte ich von keiner Apprehension. Der Mensch, wenn er sich getreu bleibt, findet zu jedem Zustande eine hilfreiche Maxime; mir stellte sich, sobald die Gefahr groß war, der blindeste Fatalismus zur Hand, und ich habe bemerkt, daß Menschen, die ein durchaus gefährlich Metier treiben, sich durch denselben Glauben gestählt und gestärkt fühlen. Die mahomedanische Religion giebt hierfür den besten Beweis.«

Hier steht der *amor fati* als Wächter vor den Ausbruchstoren des pathologischen Ortes.

Es ist nichts als Verworrenheit, wenn fortgeschrittene Psychoanalytiker, die die Bewegung verjüngen wollen, behaupten, *alle* Krankheiten seien »psychisch« und also auch psychoanalytisch heilbar. Das, was die Psychoanalyse jemals unter psychisch verstanden hat und nur verstehen kann, ist niemals der Sitz des pathologischen Ortes und daher niemals der Sitz des heilenden Mittlers. Das Psychische und das Physische rangieren völlig gleichwertig *außerhalb* dieser beiden. Alle Heilungen sind mikrokosmisch – so lautet die Formel, – und sie stammen aus dem Wissen des Sohnes.

Bei den Neurosen wird die Funktion des pathologischen Ortes leichter sichtbar als bei den körperlichen Krankheiten. Auch hier gilt dasselbe: keine einzige jener Perversionen, Komplexe, Verdrängungen ist an sich pathogen; man kann das alles haben und braucht doch nicht zu erkranken. Die in den psychoanalytischen Lehrbüchern verzeichneten vorgeblichen Ursachen der Neurose, sind nur ihre Occasionen. Ob eine solche Gelegenheit *ergriffen* wird, das ist eine Schicksalsfrage, das heißt, die Funktion des pathologischen Ortes. Die wahre Ursache aller Krankheit ist die Schuld, aber *so* wie das Dreieck die »Ursache« für die eingeschloßnen zwei Rechten ist. Die wahre Ursache aller Heilung ist die Sühne, beide aber sind nicht möglich ohne Erkenntnis. Habe ich den pathologischen Ort eines Kranken berührt, dann gibt es kein Zurück mehr. Der Kranke muß sein Leben von neuem spinnen, nachdem er die Stelle, wo er den Faden verloren hat, wiederfand. Ein solcher Mensch wird aber niemals »normal«. Er hatte die mittlere Linie in der Richtung nach unten verlassen, als er in die Neurose fiel; er muß um dasselbe Stück nach oben, wenn das Schuldgefilde des pathologischen Ortes durchschritten ist. Es gibt keinen wirklich geheilten Fall von Neurose, in welchem nicht der ehemalige Kranke jenen eigentümlichen Glanz ins Auge bekommt, der es macht, daß er anderen Menschen auffällt als einer, der Sonderliches zu tun und zu wissen imstande ist. Es entsteht also immer ein Gesundheits*zuschuß*, niemals aber wird der Neurotiker ein gewöhnlicher Mensch. Es ist völliger Unsinn, was die Psychoanalyse lehrt: das Ziel der Neurosentherapie sei, den Kranken wieder an die Erfordernisse der bürgerlichen Gesellschaft anzupassen. Wer jemals seinen pathologischen Ort gefunden hat, ist immer mehr, als ein Bürger (keineswegs natürlich »gegen« ihn).

Den Weg zu diesem Ort kann man jedesmal bei jedem Kranken nur *einmal* gehen. Man kann nicht sektionsweise Neurotiker kurieren. Es bleibt immer, wenn es zur wirklichen Heilung führen soll, eine durchaus individuelle Leistung, die sich jedesmal von neuem nur mit *diesem einen* Menschen beschäftigt. – Hier kommen wir wieder auf das Malen zurück. Wer sein Porträt bestellt, sagt nicht zum Künstler: »malen Sie mir einen Mann mit dunklem Haar, leicht gekraust, magerem Gesicht, braunen Augen, die Nasenwurzel vom Tragen einer Brille gerötet«, sondern er sagt: »malen Sie mich«. Und was der Maler in der Akademie gelernt hat, das wird er zwar verwenden, nämlich die Pinselführung, die Farbenmischung, den Ansatz; aber das Wichtige und das, wovon alles abhängt, wenn ein Kunstwerk entstehen soll: das ist jener eigentümliche von der Gnade her geführte Erkenntnisruck, durch welchen der Maler plötzlich das Eigentümliche und Schicksalhafte dieses einen Menschen in sich aufnimmt und zugleich, ohne zu denken (sacrificium intellectus) das Gefundene ausdrückt. Diesen Akt hat jeder erlebt, der sich einmal von einem wirklichen Künstler malen ließ, und daß er von tiefer Sonderbarkeit ist, wird mir jeder zugeben. Es ist das eigentliche Geheimnis der Malerei und es ist das, was ein Porträt in der Tiefe verwurzelt. Darum überdauern auch die Porträts großer Maler die Zeit, und unser Interesse an ihnen erlahmt nicht, obwohl der Mensch, den es darstellt, längst der verdienten Vergessenheit verfiel. Was ein Porträt so ergreifend macht, ist die Tatsache, daß hier ein Künstler die Stelle gefunden hat, wo ein Mensch über seinem Leide steht.

Genau das gleiche geschieht durch den Arzt, wenn er dem Neurotiker gegenübertritt. Dieser *sagt* zwar zu ihm: befreien Sie mich von meiner Angst, von meinen Zwangsgedanken, von meiner Errötungsfurcht, von meinen Krämpfen; aber er drückt sich nur so aus, weil er in der Sprache der gewöhnlichen Medizin befangen ist. Er *meint:* befreien Sie *mich.* Das sieht jeder Kranke in der dritten Stunde ein, nachdem er den Jargon der gewöhnlichen Medizin abgeworfen hat. Er weiß, daß die schicksalsgeladene Verbindung zwischen seinem lieben Ich und dem Selbst der Ursprung aller seiner Leiden ist; es ist dann gleichgiltig, *woran* er leidet. Hat der Arzt den archimedischen Punkt gefunden, der hier pathologischer Ort heißt, so kann er die angesammelten Stoffe in Bewegung setzen, und die Krankheit muß weichen.

Sechstes Kapitel

DIE KATHOLISCHE MEDIZIN DES EMILE COUÉ

In den westeuropäischen Ländern – heute schon in Deutschland tief eindringend – macht sich seit Jahren eine Bewegung geltend, die man den Couéismus nennt, und die von *Emile Coué*, einem Nichtmediziner aus Nancy, ihren Ursprung nimmt. Heilung der Krankheiten durch *Autosuggestion* ist hier das Thema. Wir haben das Phänomen zu untersuchen, denn es lehrt uns – von einer anderen Seite her – den von der Natur so streng gezeichneten, von den Menschen aber verwischten Unterschied zwischen dem Psychologischen und dem Eigentlich-Seienden. Ich setze die Schriften Coués und seiner Schüler als bekannt voraus und verweise dabei auf seine eigne Darstellung »Die Selbstbemeisterung durch Autosuggestion« (Verlag Benno Schwabe, Basel 1924), in der alles Wesentliche enthalten ist. Sehr viel besser geschrieben ist die englische Darstellung eines Schülers namens *C. Harry Brooks* (von Coué autorisiert), die mir selbst allerdings nur in der holländischen Übersetzung »Genees Uzelf« von *A. Kerdijk* (N. V. Theosofische Uitgevermaatschappij Amsterdam 1922) zugänglich wurde. Das Wirken Coués und seiner Schüler habe ich persönlich an einigen Patienten, die teils von mir zu ihm gingen, und die ich später sprach, teils aber von ihm zu mir kamen, verfolgt.

Was wir aus unserer Betrachtung ausschalten, ist das *Atmosphärische* der Angelegenheit. Wenn ein Arzt, der für den Patienten eo ipso Autorität ist, diesem mit Bestimmtheit sagt: »Ihre Krankheit wird in absehbarer Zeit geheilt sein, Sie werden bald wieder gehen, sehen, frei atmen können, Ihr Geschwür wird abheilen«, so ist die Wirkung, die diese vom Kranken so gern geglaubte Suggestion auf den Krankheitsverlauf ausübt, mit großer Wahrscheinlichkeit eine sehr viel günstigere, als wenn der Arzt sagt: »Sie sind bedenklich krank und ich weiß nicht, ob Sie je wieder ganz gesund werden«. Auch für diese Suggestion gibt es beim Kranken eine stets bereite Annahmestelle, nämlich die Angst. Durch die Couésche grundsätzlich optimistische Suggestionsart entsteht immer für den Kranken eine Atmosphäre, von der man im Großen und Ganzen sagen kann, daß sie eine gute ist und vorwärts hilft. Aber wir reden hier *nicht* vom Wetter. Ein vergnügtes psychisches System ist ein besserer Boden für die Heilung, das wissen wir, als jenes berühmte Regenwetter, das in den ärztlichen Konsultationsstunden üblicher Art anzutreffen ist.

Unser Thema ist die *Medizin* und das will sagen, die Erkenntnis der Krankheiten und ihrer *adäquaten* Heilmittel. Darum lassen wir auch alles Tatsächliche, was behauptet wird, bestehen, und zweifeln nicht, daß es eingetreten ist; denn uns geht ja nur die Bedingung dieses Eintretens etwas an. Ich meine damit die geschilderten Heilungsfälle. Coué veröffentlicht in seiner Schrift eine Reihe Dankschreiben und Anerkennungen, die eine sehr drastische Darstellung der Heilerfolge geben. Seine Person wird dabei in einen entschiedenen Vordergrund gerückt, und es fehlt nicht viel, daß dieser der Sockel für einen Heiligen, wenn nicht gar des Erlösers selber wird. Solche Dankschreiben besitzt wohl jeder erfolgreiche Nervenarzt in genügender Menge in seiner Schublade. Er weiß, wie billig die Erhebung zum Erlöser zu erwerben ist. Wer die harte Schule der Selbstprüfung gewissenhaft durchmacht, der weiß auch, daß solche Schreiben überwiegend von halbgeheilten Personen stammen, deren Rückfälligkeit unübersehbar ist. Von den Neurosen ist noch dazu mit Bestimmtheit zu sagen, daß die völlig geheilten Fälle, denen ja jener Gesundheitsüberschuß zuteil wurde, von dem oben die Rede war, ihre Heilung durchaus schweigend hinnehmen, und sich eher die Zunge abbeißen würden, als ein Wort, auch des Dankes, verlauten zu lassen. Das geht so weit, daß solche Menschen, auch dort, wo sie es fast tun müßten, niemals den Arzt, der sie geheilt hat, weiter empfehlen, sondern alles bei sich behalten. Männer sind hier zurückhaltender als Frauen. Diese Tatsache wirft einen Schatten auf die etwas aufdringlichen Veröffentlichungen Coués; aber sie stellen das Phänomen nicht in Frage.

Es ist eine Tatsache, daß vor dem Gnadenbilde der Mutter Gottes in Lourdes Tausende ihre Krankheiten verloren, die von den weltlichen Ärzten aufgegeben wurden; aber diese Tatsache steht im Koordinatensystem der katholischen Geistesverfassung. Es gibt Orte auf der Erde, die ein einmaliges bestimmtes Schicksal haben; an dem einen werden die Kranken gesund, an dem andern verwesen die Leichname nicht. Was die Heilung an den Gnadenorten angeht, so wird kein Streit darüber sein, daß sie die katholisierte Substanz zur Voraussetzung haben. Unter dem katholischen Menschen verstehe ich dabei kein Phänomen des Bewußtseins. Man kann der protestantischen Landeskirche angehören und dabei zutiefst katholisch sein. Es ist die unbewußte Aufnahmefähigkeit für bestimmte geistige Inhalte, die den katholischen Menschen ausmacht, nicht sein Denken über die Religion. Streiten kann man sich von einem Ende bis zum andern »Der Papst und die Konzilien können sich irren« ist die revolutionäre Formel Luthers. Aber ein bestimmter katholischer Instinkt, der seine Leute trifft, irrt solange nicht, als es diese Leute gibt. Ebenso sicher aber gibt es freilich auch – die andern Leute; und wenn das nicht so wäre, so müßte man die ganze mitteleuropäische Geschichte von der Reformation an streichen.

An den Niederschlägen, die die Medizin Coués in seinem Buche erfahren hat, wird dieses Verhältnis völlig eindeutig klar. Der theoretische Grundbegriff, dessen er sich bedient, ist die »Einbildungskraft«. Der französische Ausdruck dafür lautet »imagination«, und man muß hier gleich feststellen, daß dieser flacher ist, als der deutsche; er hat nur eine Etage, der deutsche dagegen zwei. Unter »Einbildung« können wir verstehen das, was sich jemand mit dem Intellekt einbildet zu sein; wenn wir also von jemandem sagen, er bilde sich ein, ein großer Dichter zu sein, und wir setzen heimlich hinzu: »*ist* aber keiner«. Diese Bedeutung von »Einbildung« ist die vulgäre, auf die man zunächst verfällt, wenn man das Wort hört. Abgesehen davon aber, was ich mir in meinem Intellekt einbilde zu sein, ist noch etwas anderes in mich *eingebildet*, was ich wirklich bin, nämlich mein ursprünglicher Character. Das also, was Goethe mit den Worten anredet:

»So mußt du sein, dir kannst du nicht entfliehen,
So sagten schon Sibyllen und Propheten;
Und keine Zeit und keine Macht zerstückelt
Geprägte Form, die lebend sich entwickelt.«

Geprägte Form und *eingebildete* Form sind dasselbe. Das ist die philosophische und daher die eigentliche Bedeutung von »Einbildung«. Sie stammt nicht vom menschlichen Intellekt, sondern von der Natur. Das französische Wort imagination berührt diese Schicht nicht. Soweit also wären wir in der deutsch-französischen Verständigung gekommen.

Ich stelle fest, daß Coué in seiner Schrift diese beiden Bedeutungen durcheinander wirft. Der Leser mag sich bemühen zu seiner eignen Schulung das zu finden. Wenn zum Beispiel Coué sagt, die Einbildungskraft »oder« das Unbewußte, so hat er damit die zweite, philosophische, Bedeutung getroffen, ohne sie zu erkennen.

Nun kommt das berühmte Exempel, das er dem Leser zur Verständlichmachung empfiehlt. Jeder Mensch sagt er, kann auf einem schmalen Brett, das auf der Erde liegt, von einem Ende zum andern gehen, ohne zu fallen, weil er sich »einbildet« das Brett stehe unerschütterlich wie die Erde fest. Wenn dieses selbe Brett aber mit eisernen Klammern zwischen zwei Kirchtürmen aufgespannt ist, und man fordert nun denselben Menschen auf, herüberzugehen, so wird er unweigerlich abstürzen, weil er sich »einbildet«, daß er abstürzen müsse. Also, folgert Coué, ist es lediglich unsere »Einbildungskraft« (hiermit meint er hoffnungslos deutlich das Wort in der vulgären französischen Bedeutung), die uns gebietet, zu stürzen oder unversehrt herüberzugehen. Und er folgert noch weiter: es ist nur unsere »Einbildungskraft«, die uns krank oder gesund macht. Wenn ich also diese lenken kann, so habe ich es in der Gewalt, den Menschen gesund oder krank zu machen, denn der Mensch »ist, was er denkt« (!).

Hier sind wir also bei einem Satz schwersten metaphysischen Kalibers angekommen, den sich der vergnügte Leugner der Erbsünde aus Nancy zu schulden kommen läßt. Die Kardinäle, die das Treiben sehen, schütteln zwar unwillig den Kopf, aber sie lassen ihn gewähren, denn sie sagen sich: er ist doch unser; und eines Tages kommt die Ernte. Uns deutschen Philosophen bleibt nichts anderes übrig, als unser *vis allemand,* das Laster der Ernsthaftigkeit, zu Hilfe zu rufen, sonst werden wir mit dem liebenswürdigen Manne nicht fertig.

Wir holen zu diesem Zwecke wieder jenes berühmte Brett hervor, das zwischen zwei Kirchtürme ausgespannt ist. Wir sagen zu einem gewöhnlichen Menschen, er solle herübergehen. Er wird sich weigern, weil er weiß, nein, weil er sich »einbildet«: tue ich das, so stürze ich unfehlbar ab. Und damit hat er vollkommen recht. Seine »Einbildung« ist nämlich nichts anderes, als die schlichte *Wahrheit* in des Wortes simpelster Bedeutung, über die kein Pontius Pilatus die Achseln zucken kann. Der Mensch ist keine Ameise, und also kann er nicht so ohne weiteres auf Kirchtürme kriechen, und wenn dieser Mensch sagt: »Ich kann das nicht!« so ist das ganz in der Ordnung. Es gehört mindestens zum zoologischen Wesen des Menschen, nicht auf Brettern zwischen zwei Kirchtürmen marschieren zu können; wer gegen dieses Gesetz mir nichts dir nichts verstößt, treibt den Menschen in die Hybris, oder, christlich ausgedrückt, versucht Gott. Es gibt nur zwei Möglichkeiten, in denen der Satz »Ich kann auf einem Brett zwischen zwei Kirchtürmen marschieren« *wahr* ist, nämlich der eine Fall, daß der Mensch, der das sagt, ein Seiltänzer ist, oder aber: im sonderlichen Tun. Wenn der andere Kirchturm brennt, und mein Kind ist darin, so befehle ich meine Seele Gott und gehe ohne zu straucheln herüber. In diesem Angenblicke der Gnade ist der Satz »Ich kann herübergehen« *Wahrheit*, weil ich es nämlich *soll*; in jedem andern Falle bei mir (der ich kein Seiltänzer bin) Frevel.

Ich kann einen Menschen, der kein Seiltänzer ist, dazu bringen, doch über das ominöse Brett zu laufen, indem ich ihm in einem bestimmten befehlerischen Ton, der keinen Einwand duldet, die Überzeugung aufnötige: er könne es. Diesen Akt nennen wir eine *Suggestion*. Suggestion ist *immer Lüge*. In einigen Fällen eine fromme. Suggestion ist immer der Wille eines Andern, der einem Menschen aufgenötigt wird. Nimmt der andere die Suggestion an, so wird er über das Brett laufen, aber wehe ihm, wenn er mitten darauf erwacht! Denn dann kommt die *Wahrheit zu Tage*, und er wird unfehlbar abstürzen. Coué nennt diesen Vorgang des »Annehmens« der Suggestion, die an sich immer von einem Andern stammt, die *Auto*suggestion und schreibt ihr allein die Macht zu, den gewünschten Vorgang (im Beispiele das Seiltanzen, in der Medizin die Heilung) auszulösen. Wenn ich also *selbst*, obwohl alles dagegen spricht, die Meinung annehme, ich könne Seiltanzen, die mir jener Andere aufnötigt, so gerate ich in den Prozeß der Autosuggestion und erliege ihm. Nun kann es ja sein, das ich bisher geglaubt habe, ich sei ein gewöhnlicher Mensch, der wie jeder andere natürlich nicht so ohne weiteres über jenes Kirchturmsbrett marschieren kann, und ich *entdecke plötzlich in mir den Seiltänzer* (nachdem mir der Andere das Unglaubwürdige gesagt hat, das er ja im Übrigen selber nicht glaubt): in *diesem* Falle, aber nur in diesem, fällt der Begriff der Autosuggestion zusammen mit der Wahrheit, und dann hat sie unter allen

Umständen jene Wirkung, die Coué ihr generell zumutet. An sich aber gibt es so etwas wie Autosuggestion nicht, sondern das, was Coué so nennt ist *immer* Heterosuggestion, immer die Annahme der Behauptung eines Fremden[1]. Mag ich noch so sehr die willkommene Überzeugung annehmen, ich könne Seiltanzen, es bleibt eine gewöhnliche Suggestion, wenn es nicht *die Wahrheit* ist. Und wenn es nicht die Wahrheit ist, so werde ich früher oder später erwachen, und ich werde abstürzen. Etwas anderes gibt es nicht.

Ich gebe ein Beispiel aus der geschichtlichen Dichtung. *Bernard Shaw* (ein ausgezeichneter Mann) läßt in seiner »Heiligen Johanna«[2] im ersten Akt die Jungfrau in das Gemach des Ritters von Vaudricourt eindringen, um ihn dazu zu bestimmen, ihr Waffen und Pferde für den Befreiungskrieg zur Verfügung zu stellen. Sie sagt dabei dem erstaunten Gewalthaber folgendes:

Johanna: »Herr Ritter, Gott ist sehr barmherzig und die gesegneten Heiligen Katharina und Margerita, die täglich mit mir sprechen (er gafft sie an) werden für Euch beten. Ihr werdet als mein erster Helfer ins Paradies kommen, und Euer Name wird in alle Ewigkeit genannt werden.«

Diese »Einbildungen« unter der die Jungfrau hier lebt und handelt, würde Coué »Autosuggestionen« nennen. Warum hat aber nun (ich nehme das einmal ruhig als Geschichte, denn so *war* die Jungfrau) diese Szene eine so nachhaltige Wirkung gehabt? Warum hat sie nicht nur jenen einzelnen Ritter bewogen, zu tun, was die Jeanne d'Arc sagte, sondern warum ist es der Jungfrau auch gelungen, Frankreich zu retten und die französische Nation zu erzeugen[3]? Aus dem einfachen Grunde, weil das, was sie sagte, *die Wahrheit* war. In welche Form sich die Wahrheit kleidet, das ist einerlei; hier wech-

---

[1] Hierzu gehören auch jene fast hoffnungslosen Fälle, wo »Ich selbst« dieser Fremde bin. [2] Deutsch bei S. Fischer Verlag, Berlin. [3] Die französiches Nation ist die einzige, die von einer Frau gezeugt wurde.

seln die Moden; der fromme Katholik mag wörtlich an jene Stimmen glauben, die die Jungfrau gehört haben will. Was sie in Wirklichkeit vor allen anderen auszeichnete, war, daß sie allein die volle Wahrheit in sich trug. Wäre sie eine Hysterika gewesen, so hätte sie wohl auch manchen Erfolg gehabt, aber früher oder später wäre bei ihr und bei der französischen Nation genau das gleiche Erwachen eingetreten, wie bei einem suggerierten Nichtseiltänzer, der über die Kirchturmsbretter läuft, dem Gesetze der Natur zuwider. Hierbei sei nachgetragen, daß Suggestion und Hypnose nur zwei verschieden starke Formen der Lähmung des psychischen Systemes sind, und Autosuggestion die Selbstlähmung. Die Wahrheit dagegen ist etwas gänzlich anderes, und auch die *Kraft* der Wahrheit; sie hat weder mit dem einen noch mit dem andern das Geringste zu tun. Die Wahrheit allein bewirkt historische Größe und Heilung der Krankheiten.

Und hier verlassen wir das Beispiel und kommen auf die Medizin. Wenn ich krank geworden bin, so habe ich in den zwei Reichen meiner Natur einen Fehlgriff getan (gesündigt); innerhalb meines empirischen Characters, dem Reiche der »imagination«, habe ich zum Beispiel Bazillen aufgelesen oder bin psychischen Konflikten falsch aus dem Wege gegangen. In meinem intelligiblen Character, dem Reiche der ursprünglichen Prägung, ist das Gesetz der Erbsünde in einer dramatischen Weise tätig gewesen. Mein pathologischer Ort ist dem irdischen Geschehen nahe gekommen; ich war ein Nicht-Napoleon und trage die Folgen. Das heißt ich war nicht ganz ich selbst und was ich war, als ich aus der Hand des Schöpfers hervorging (... des Schöpfers, nicht etwa Vater und Mutter). Jetzt habe ich ein Geschwür, oder eine Tuberkulose, oder ich werde von hysterischen Krämpfen gepeinigt. — Wenn zu einem solchen Kranken gesagt wird: »Deine Krankheit ist *Einbildung*, Du bist ja garnicht krank. Siehst Du nicht, wie es von Tag zu Tag in *jeder* Beziehung besser und besser wird?« so ist das zunächst einmal durchaus und ohne jede Einschränkung die Unwahrheit. Zwar kommt das Wunschleben des Kranken – welches zu seinem empirischen Character gehört – dieser Suggestion wohlwollend entgegen, und wenn der Mann, der sie ihm gibt, eine Autorität ist, so wird er schließlich gar diese Unwahrheit für eine Wahrheit halten; sie wird sich in eine »Autosuggestion« verwandeln, und so ihre Wirkung tun. Diese gute Wirkung wird eine Weile anhalten, vielleicht sehr lange, Jahre lang, ein Jahrzehnt, die Krankheit wird tatsächlich schwinden (»heilen« wie Coué voreilig sagt), der Kranke wird Dankesbriefe schreiben, diese werden veröffentlicht werden und alle Welt glaubt daran: aber es *bleibt* eine Suggestion und wird niemals eine Heilung. Über die Todesstunde hinaus hat noch niemand Dankesbriefe geschrieben, und es gibt Philosophen, die die Todesstunde eines Menschen für seine wichtigste halten. In dieser muß der Trug unter allen Umständen zum Bersten kommen: das unausweichliche Gesetz von Schuld und Sühne schafft sich Raum.

Man sieht daraus, daß der Medizin Coués alle Vorbedingungen für eine *pia fraus* gegeben sind; sie ist etwas durchaus Wohltätiges, und man soll jedem Menschen, der sie annehmen kann, dazu raten. Sie ist in ihrem Kerne genau das Gegenteil der Medizin Freuds: sie ist ohne alle acherontische Färbung. Ich stelle nur fest, daß es eine Menschenart gibt, die diese Medizin unter keinen Umständen acceptiert. Und ich stelle ferner fest, daß das dieselbe Menschenart ist, die die zweifellos bestehenden Wohltaten der katholischen Kirchen unter allen Umständen ablehnt. Der Preis wird nicht bezahlt.

Der elementaren Tatsache des Krankseins gegenüber, die so tief im Wesen des Menschen und der Natur verankert ist, bedeutet die Behauptung, »ich bin nicht krank«, auch wenn sie noch so eindringend gesprochen wird, eine bloße Nichtigkeit. Der Satz »Ich bin nicht krank« ist die nur logische Negation der Krankheit aus der Autorität des Menschen her; er ist kein medizinisches Äquivalent gegenüber dem Phänomen, denn er berührt den pathologischen Ort nicht. Der Satz ist nicht adäquat. Er berührt immer nur das psychische System und von da aus die Physis; die Psyche aber dringt genau so tief in die Physis ein, wie sie selber tief ist, nicht weiter. Daß es aber ein »Tiefe des Leibes« gibt, das dürfte wohl Nietzsche entdeckt haben, und auch das System des Spinoza ist darauf angelegt. Die Krankheit aber ankert in der Tiefe, das heißt in der Ebene des pathologischen Ortes. Wenn es dem Kranken gelingt, sein Schuldgefilde in Ordnung zu bringen, so ist *diese* »Autosuggestion« identisch mit der *Wahrheit.* Eine solche ist aber nicht auf den Massenbetrieb hin einzurichten, wie die bloße logische Negation mit dem wohlwollenden Entgegenkommen des Willens. Niemals lautet das medizinische Äquivalent für die Krankheit so logisch einfach, wie der Satz »Ich bin nicht krank« oder seine Abwandlung »Mit jedem Tag geht es mir in jeder Hinsicht immer besser und besser« (Coué), sondern es lautet »Deine Sünden sind dir vergeben«. Wer einen *solchen* Satz von der Tiefe her verstehen und daran *glauben* kann (man sieht, welche gänzlich andere Bedeutung das Wort Glauben [fides] hier bekommt, als in jener intellektuell-suggestiven Atmosphäre Coués), der ist allerdings gerettet, steht auf und wandelt; doch das ist der *protestantische Fall,* für den jedesmal ein Porträt besonders gemalt wird.

Von dieser Lagerung aus wird man jenes bisher rätselhafte und noch von niemandem verstandene Verhalten Christi bei der Heilung des Gichtbrüchigen erhellen können. Er stellt nämlich, wie die Synoptiker übereinstimmend berichten, an die herumstehenden Pharisäer, die sein Wort »Deine Sünden sind dir vergeben« als Gotteslästerung empfinden, die dunkle Frage: »Welches ist leichter zu sagen: Dir sind deine Sünden vergeben! oder: Stehe auf und wandle!«? Diese Frage kann überhaupt nur jemandem kommen, der sich in einer solchen Situation befindet, und weder die Umstehenden noch die Nachwelt hat sie verstanden. Sie bedeutet dies: es ist eine leichte, aber keineswegs ernste oder gar würdige Sache, jemanden durch eine Suggestion gesund zu machen; das kann jeder, der die hierfür nötigen Tricks beherrscht und umso leichter, wenn die Atmosphäre so suggestionsgeladen ist, wie hier; aber zu sagen: »Deine Sünden sind dir vergeben« und damit *die Wahrheit* zu sagen, das ist eine große Sache. Und das eben hatte er getan. Die Worte »Stehe auf und wandle!« fallen erst *hinterher*, also *nach* dieser Frage, und *nachdem* Christus gesehen hatte, daß sein Satz: »Deine Sünden sind dir vergeben« für *diesen* Fall die Wahrheit enthielt und zudem vom Kranken verstanden worden war. Wenn er nun wirklich aufstand, so war das eine volle Heilung, eine wirkliche, die aus dem Wirklichen stammte und nicht aus jenem gottverlassenen Erdenwinkel der »menschlichen Seele«. – Der Mensch ist *nicht* »was er denkt« (Coué), sondern er ist, wie er gedacht wurde (um mich derselben Ausdrucksart zu bedienen). Wer in Wahrheit ein Arzt sein will und kein Gaukler (»was ist leichter zu sagen: stehe auf und wandle! oder ...), der muß zu allererst einmal *diesen* Gedanken »Mensch« (»denn er wußte wohl, was im Menschen war« Joh. 2. 25) und dann den Gedanken *dieses* Menschen nachzudenken verstehen; und dann hat er immer noch Gelegenheit, die Hände davon zu lassen und nicht von »Wundern« und »Heilung« zu sprechen.

Ich bin es dem Leser noch schuldig, den durchgehenden Katholizismus der Medizin Coués zu Ende zu beweisen. Den Fehlleistungen des Körpers, genannt Krankheiten, entsprechen Fehlleistungen der Seele, genannt Sünden. Das Tun des Unrechtes hat den dauernden Gewissensbiß zur Folge. Es sei hier kein Streit darüber, was Gut und Böse ist, denn ein jeder weiß es. Habe ich Unrecht getan, so setzt sich die Spur dieses Tuns bei mir als Gewissensbiß fest, und ich bin moralisch krank. Um diese Krankheit zu beseitigen bedarf es der Sühne, das ist Weltgesetz. Das Unrecht ist ein Negativ, diesem entspricht ein Positiv, welches aber durchaus nicht leicht zu finden ist, weil die Sühne nicht die bloße logische Umkehrung der Schuld ist. Das *jus talionis* funktioniert nicht so wie *credit und debet.* Wenn jemand gestohlen hat, so ist die Tat *nicht* damit gesühnt, daß er das Gestohlene wiedergibt oder gleichwertigen Ersatz leistet. Denn die Sätze »Ich habe gestohlen« und »Ich bin ein Dieb« sind nicht identisch; sie sind durch die unübersteigliche Mauer von Sein und Tun getrennt. Diesen Tatbestand kennt sogar die Rechtsprechung, die es verbietet, jemanden, der nachweislich gestohlen hat, einen Dieb zu nennen. Die Frage also: welches ist die *wirkliche* Sühne für eine Tat, wird immer eine metaphysische bleiben, und ihre Lösung ist immer jedesmal einmalig. Der protestantische Standpunkt ist derjenige, der unter allen Umständen eine andere, als diese einmalig adäquate Lösung ablehnt und sie allein auf sich nimmt, auf die sehr naheliegende Gefahr hin, daß sie mißlingt. Protestantismus und Heroismus sind dasselbe.

Daß das Finden der wahrhaftigen Sühne, oder, auf den Körper geredet, des wahrhaftigen medizinischen Äquivalentes, an den Menschen die ungeheuerlichsten Anforderungen stellt, ist bekannt. Daher ist der Menschheit der protestantische Weg im allgemeinen zu widerraten, und sie ist ihn auch nicht gegangen. Sondern sie geht überwiegend den katholischen, das heißt: sie legt die Lösung dieser Frage, samt den anhängenden über das Dasein Gottes, in die Hände der Priesterschaft, die über eine erdrückende geistige Autorität und über wohlgeübte magische Formeln verfügt. Diese nimmt ihr die Suche nach der eignen Sühne ab und befiehlt ihr eine apostolisch festgelegte Sühnetat, nach deren Annahme die Absolution erteilt und die Tat ausgestrichen ist.

Genau so nun, wie die katholische Kirche dem Menschen die Verantwortung für die Wahl der Sühne abnimmt, genau so die Methode Coué dem Kranken die Verantwortung für seine Krankheiten; denn auch sie müssen gesühnt werden, wenn man sich überhaupt entschließt den geistigen Weg der Therapie zu gehen. Coué aber sagt einfach: Ich setze der »Einbildung«, ich sei krank, die logisch entgegengesetzte »Ich bin nicht krank« (und ihre Abwandlungen) entgegen. Die Frage nach der Wahrheit kümmert ihn so wenig wie die Kirche. Der Unterschied ist freilich, daß die Kirche die Wahrheit kennt, Coué aber völlig ahnungslos ist. Die Gesundung hängt nach ihm von einem einzigen Akte ab: nämlich, daß der Kranke die Suggestion »Ich werde gesund« in eine Autosuggestion verwandelt, das heißt, daß er den, durchaus falschen, Satz *annimmt*. Diese Bedingung stellt Coué ausdrücklich in seiner Schrift. Und hier bleibt wiederum daran zu erinnern, daß es Menschen gibt, die durchaus nichts »anzunehmen« geneigt sind, es sei denn die Wahrheit. Ich habe den Eindruck gewonnen, als ob dies die ernsteren Menschen seien.

Man kann den Satz Coués, des katholischen Relativisten, »der Mensch ist, was er denkt« als die Grundlage des dogmatischen Teiles seiner Lehre ansprechen; sein Begriff der »Autosuggestion«, der nirgends haltbar ist, außer in seinem System, folgt daraus, wie die mathematischen Lehrsätze aus den Axiomen. Jede Kirche hat ihre Scholastik. Es muß überall etwas geben, was man an den Fingern abzählen kann. Aber ebenso sicher ist, daß das nicht genügt, und die gelehrtesten Scholastiker sind bei sich und anderen oft genug in den Verdacht gekommen, religiös nicht auf der Höhe zu stehen. Daher ist ein wesentlicher Bestandteil der katholischen Religion das, was die Inder »*mantram*« nennen, also etwa eine Gebetsformel oder ein Zauberspruch. Die Zaubersprüche sind allogisch gebaut, das heißt, sie haben nur im Nebenberuf einen rationalen Sinn, *wirken* aber durch ihre eigentümliche Wort- und Silbenstellung, sowie durch ihren musikalischen Gehalt. Wir wollen das Gebiet der Zaubersprüche nicht betreten, aber wir wollen auch ihr Dasein nicht bezweifeln. Die Wortmagie ist ein uraltes Priestergut. Mit dem richtig gestellten Wort wird jener eigentümliche Durchbruch des intelligiblen Characters (guten oder bösen) durch den empirischen erreicht, den man wohl manchmal die Gnade (im Vaterunser etwa), manchmal aber auch das Dämonisch-Böse (im Hexeneinmaleins) nennt. Solche Formeln wollen gefunden sein und man kann sie nicht erdenken. Coué, der Glückspilz, hat eine solche Formel gefunden, die ein Heilungs-Zauberspruch ist. Sie lautet »ça passe«. Der gedankliche Inhalt ist einfach: er heißt, daß die Krankheit, die Schmerzen schwinden und enthält die Behauptung »es geht vorüber«. Sowohl als Suggestion, wie als »Autosuggestion«. Aber der gedankliche Inhalt soll wieder vergessen werden. Dieses Zauberwort »ça passe« soll schnell heruntergebetet (!) werden, wie das Vaterunser, ja sogar der Rosenkranz wird empfohlen, und es soll dann einen »insektenartigen Ton« ergeben. Nun haben sich die Engländer, Holländer und zuletzt auch die Deutschen den Kopf darüber zerbrochen, wie sie denn dieses geheimnisvolle Wort *übersetzen* sollen. Die Holländer mit ihrem »Het gaat over«, die Deutschen mit ihrem »Es geht vorüber«, haben sich redliche Mühe gegeben. Aber alle diese Übersetzungen sind keine Zaubersprüche. Das ist es *nur* im Französischen. Man mache die Probe und man wird sofort finden, daß in keiner andern Sprache jener »insektenartige Ton« herauskommt. Aber noch mehr. Es ist nicht nur dieser Ton, der nur bei schnellster Wortfolge erzielt wird, sondern in dem Stadium, in welchem der gedankliche Sinn noch einigermaßen erkennbar ist, tritt ein merkwürdiges Phänomen ein. Die Formel ruft einen alttestamentarischen Vorgang (Vor*über*gang) herauf; »ça passe« in dauernder Wiederholung gesprochen klingt genau so wie — »Passah« in dauernder Wiederholung. Das Fest des Vorüberganges. Man probiere das *exercitium magicum* an eigner Person.

Auch Platon soll, so berichtet eine Stelle in der »Deutschen Renaissance« ein altes Priestergeheimnis halb ausgeplaudert haben, das auf genau demselben Prinzip beruhte. Ich zitiere »Im Silbenbau der griechischen Sprache liegen machtvolle Geheimnisse verborgen, die Plato kannte und von denen er eines verriet, ohne daß es bisher, seit 2000 Jahren, gelang, es zu entdecken. Wenn man das Wort, das im Griechischen »Luft« bedeutet, mehrere Male hintereinander in gleichen Abständen monoton singend spricht, so entsteht daraus der Name der erhabenen Göttin. Und wenn dies im Chor geschieht und mit frommer Gesinnung, so erscheint, im rechten Verstande gesagt, sie selbst; und noch ehe sie »erschienen« ist, hat ihre segnende Kraft schon gewirkt. Dies hat Plato an einer verborgenen Stelle seiner bekannten Schriften in kurzer Anmerkung verraten.« (Seite 15)[1]

Coué, welcher glaubt, daß der Mensch die Summe seiner Denkakte sei, baut ein verführerisches System auf, er wird gestützt durch seine Erfolge. Denn wenn man seine Schriften liest, so erfährt man, wie die Kranken unter seinen Händen wie die Fliegen dahingenesen. Wenn sein System im Wesen richtig wäre und den wirklichen Menschen träfe (oder das Wirkliche am Menschen), so könnte eine beliebig häufige Anwendung den Erfolg nicht beeinträchtigen. Nun kommt ja Coué auch tatsächlich auf den Gedanken: »gehet hin in alle Welt und lehret die Autosuggestion, und ihr werdet sehen, daß – die Krankheit aus der Welt verschwindet«, so müßte der Satz weitergehen, wenn das Fundament stimmte. Aber er begnügt sich mit einem sehr hohen Prozentsatz. Coué gehört zu den Pazifisten der Medizin. Der Weltfriedensfreund denkt ja auch: wenn alle Menschen so vernünftig über den Krieg dächten, wie ich, so gäbe es bald keinen mehr. Aber erstens denken nicht alle Menschen so wie er, und zweitens ist sein

[1] Verlag Niels Kampmann, Celle.

Gedanke über den Krieg dem Kriege nicht ebenbürtig. So ist es auch im Denken Coués über die Krankheiten: sie sind mehr als er. Die Krankheiten sind der Menschheit aufgeladenes Gut; die Krankheitsmasse, die in der Welt erscheint, bleibt sich immer gleich; jedenfalls ist ihre Veränderung von keinem menschlichen Eingriff abhängig. Wenn es soviel Schulen von Nancy gäbe, wie Radioempfänger und Telephonanschlüsse, so würde damit die Krankheitsmasse der Welt nicht vermindert werden. Wenn der Arzt einen Kranken heilt, so schafft er damit nicht ein Stück Krankheit aus der Welt, so wenig, wie Materie durch Verbrennung vernichtet wird, sondern er nimmt *diesem* Menschen den individuellen Krankheitsanteil und – lädt ihn einem andern auf, ohne es zu wissen. Wenn es in einem hygienisch wohl eingerichteten Lande gelingt, die schwarzen Pocken nicht aufkommen zu lassen, so ist damit keineswegs ein Stück Krankheit vernichtet, sondern die Pocken sind *eingetauscht* gegen etwas anderes, das als Krankheit schwächer auftritt, aber dafür verbreiteter ist. Man tauscht rapide und heftige, hochkurvige Krankheiten gegen chronische flachkurvige ein, das ist alles. Der Tausch ist, vom Menschen aus gesehen, durchaus vorteilhaft, und jeder wird ihn eingehen; aber am Weltgesetz ändert er nichts. Die Krankheit eines Menschen ist die Erbsünde, gesetzt unter das *principium individuationis.* Wer es durchschaut, besinnt sich, ob er zu einem Arzte geht, oder lieber sein Leid auf sich nimmt. Aber wer es durchschaut, ist auch schon geheilt. Der Mensch ist *mehr*, als er denkt. Jene berühmte kosmische Schlange, die sich in den Schwanz beißt, hat sich am Stabe des Asklepios nur vorübergehend aufgeringelt.

INHALT